1981

L'ÉTÉ

A

AIX EN SAVOIE

NOUVEAU GUIDE PRATIQUE

MÉDICAL ET PITTORESQUE

PAR

LE DOCTEUR DESPINE FILS,

MÉDECIN INSPECTEUR DES EAUX,

et

HYACINTHE AUDIFFRED,

Auteur d'*Un Mois à Vichy*; de *Quinze Jours au Mont-Dore*, etc.

ENRICHI DE NOTES ET D'UNE CARTE

PAR M. LE VICOMTE HÉRICART DE [illegible]

et orné de charmants dessins à deux teintes.

PARIS

DAUVIN ET FONTAINE, LIBRAIRES,

35, PASSAGE DES PANORAMAS,

LYON, GIRAUDIER, LIBRAIRE, PLACE BELLECOUR.

L'ÉTÉ

A

AIX EN SAVOIE

En vente chez les mêmes libraires

A VICHY, A AIX ET AU MONT-DORE.

OUVRAGES DE M. AUDIFFRED.

UN MOIS A VICHY, GUIDE PITTORESQUE ET MÉDICAL indispensable aux artistes et aux gens du monde, orné de six lithographies par DEROY, d'après E. RAFFORT, suivi d'un Indicateur général des hôtels, de leur prix, des maisons garnies, des moyens de transport, du prix des eaux, etc. — Troisième édition. Prix : 3 fr. 50

QUINZE JOURS AU MONT-DORE, SOUVENIR DE VOYAGE, illustré par THÉNOT, avec carte; guide dans le même genre. — Prix : 3 fr.

Pour paraître incessamment,

PLOMBIÈRES ET CONTREXEVILLE.

Imprimerie de HENNUYER et Ce, rue Lemercier, 24. Batignolles.

Raffort, del.

Victor Petit, lith.

L'ÉTÉ

A

AIX EN SAVOIE

NOUVEAU GUIDE PRATIQUE MÉDICAL ET PITTORESQUE

PAR

LE DOCTEUR DESPINE FILS,

MÉDECIN INSPECTEUR DES EAUX,

et

HYACINTHE AUDIFFRED,

Auteur d'*Un Mois à Vichy*; de *Quinze Jours au Mont-Dore*, etc.

ENRICHI DE NOTES ET D'UNE CARTE

PAR M. LE VICOMTE HÉRICART DE THURY,

et orné de charmants dessins à deux teintes.

PARIS

DAUVIN ET FONTAINE, LIBRAIRES,

35, PASSAGE DES PANORAMAS,

LYON, GIRAUDIER, LIBRAIRE, PLACE BELLECOUR.

1854

INTRODUCTION.

Depuis que les médecins, éclairés par l'expérience sur l'efficacité des eaux minérales, n'y envoient plus seulement les malades dont ils veulent se débarrasser poliment, mais bien ceux qu'ils tiennent à guérir ; depuis, surtout, qu'on y retrouve la bonne société et les plaisirs qui papillonnent autour d'elle, le goût pour les Eaux s'est considérablement développé. Le monde élégant, rivalisant d'ardeur avec les malades, s'est épris d'une belle passion pour ce genre de distraction, qui réunit l'utile à l'agréable. Vers le milieu du mois de mai, c'est un sauve-qui-peut général, l'émigration commence, pour ne s'arrêter qu'à la fin d'août. « Où irons-nous, cette année, mon cher? à Vichy?

— J'y étais l'année passée.

— Au Mont-Dore, peut-être?

— Si nous nous installions pour un mois à Enghien?

— Fi donc! c'est trop près.

— Eh bien! allons à Tœplitz.

— Ah! c'est trop loin.

— Je vous croyais, pourtant, un peu diplomate.

— Pas le moins du monde; je n'ai jamais fait de politique qu'avec les femmes.

— Et vous avez été...

— Toujours battu. Ne me parlez pas de ces Talleyrands en jupons; aussi ai-je renoncé au métier.

— En vérité, je vous plains sincèrement.

— Eh bien! alors, allons à Bade.

— Y pensez-vous ? C'est devenu d'une banalité !...

— Oh ! mais, j'ai votre affaire ; vous voulez aller à des Eaux où l'on se guérit tout en s'amusant ?

— Précisément.

— Alors, allons à Aix en Savoie.

— Touchez là, je suis à vous. »

L'ÉTÉ
A AIX EN SAVOIE.

DE PARIS A AIX.

Trois jours après, nous partions pour Lyon. Ce voyage, qu'on n'entreprenait guère autrefois qu'après avoir fait son testament, est devenu aujourd'hui une véritable partie de plaisir, grâce à la rapidité des communications.

A peine descendus du chemin de fer à Châlon, les élégants paquebots de la Saône, pavoisés comme en un jour de fête, nous emportaient vers Lyon, à travers la double ceinture de prairies et de coteaux que la gracieuse rivière déroulait en souriant à nos yeux. Si rapide qu'elle fût, la traversée ne nous empêcha pas de saluer, en passant, la patrie de Greuze, Tournus, la première cité à l'aspect italien ; puis Mâcon, le berceau de Lamartine.

A partir de Trévoux, le reste du voyage devient une véritable féerie dont les merveilles nous étaient révélées par les bords accidentés de la Saône, tout parsemés de villas et de parcs tantôt mystérieux, tantôt se dressant coquettement en amphithéâtre, comme les jardins de Sémiramis. Aux Folies-Guillot succédèrent bientôt l'Ile-Barbe, les hauteurs de Serin et de Loyasse, couronnées de forts, puis le rocher historique de Pierre-Scize et Notre-Dame de Fourvières, c'est-à-dire que nous pénétrions dans Lyon par son côté le plus pittoresque.

Bâtie dans une position admirable, au confluent du Rhône et de la Saône, qui viennent marier leurs eaux à Perrache, cette ville, autant par son industrie sans rivale, que par ses promenades, ses monuments et ses souvenirs, est pleine d'intérêt pour l'étranger.

Quoique pressés de repartir, nous visitâmes à la hâte Notre-Dame de Fourvières, la place Bellecour, les quais et surtout le Musée où le mérite des tableaux supplée à la quantité ; car, outre les productions modernes, il renferme le plus beau Rubens qui soit en France, l'admirable Pérugin, donné par le pape Pie VII, un Albert Durer de la plus belle qualité, et un très-beau Philippe de Champaigne.

Lyon, par sa position topographique, est le point d'intersection de trois voies de communication conduisant également à Aix en Savoie, l'une par Belley, l'autre par le Pont-de-Beauvoisin, et la troisième, par les bateaux à vapeur du haut Rhône, qui est relié au lac du Bourget par le canal de Savière. Notre choix tomba sur la route par Belley.

Le soir donc, après avoir donné un dernier et mélancolique adieu à la place des Terreaux, sur laquelle Cinq-Mars et de Thou périrent victimes de la haine de Richelieu, la voiture, par un beau clair de lune qui nous initiait aux sites du Bugey, nous emportait vers Belley, où nous arrivâmes dans la matinée.

A quelque distance de cette ville, grâce à un caprice du conducteur qui nous fit prendre l'ancienne route, nous passâmes sur le pont d'Andert. Il ne fallait rien moins que le nom de Peytel, qui l'a rendu tristement célèbre, pour croire qu'un crime aussi atroce ait été commis dans cette solitude agreste, égayée alors par le chant matinal des oiseaux.

Mais Peytel, et Balzac, son illustre et malheureux défenseur, mais Belley nous importaient peu, car toutes nos préoccupations étaient tournées vers la Savoie. Ce ne fut pas sans une certaine émotion anxieuse que nous arrivâmes à l'extrême frontière. C'est un sentiment dont on ne peut se défendre, surtout lorsque l'on quitte, pour la première fois, son pays, « mes amours », comme le disait Marie Stuart, cette belle

France bien-aimée, mais certainement trop vantée par ceux de ses enfants qui n'ont pas voyagé. Nous étions à Pierre-Châtel, dont le fort escarpé domine et commande le Rhône, que l'on traverse sur un pont suspendu appartenant en commun à la France et à la Sardaigne, et sur lequel stationnent incessamment, chacune de leur côté, une sentinelle des deux nations.

L'aménité relative des douaniers, autant que l'uniforme des carabiniers royaux établis à la Balme, premier poste des douanes sardes, nous indiquaient suffisamment que nous étions en pays étranger. Rien n'est plus pittoresque que cette entrée en Savoie ; car la route, après avoir côtoyé, un instant, le Rhône, dont le lit est profondément encaissé, s'engage dans un véritable labyrinthe de rochers merveilleusement disposés pour quelques bravi italiens. Malheureusement pour les amateurs d'incidents dramatiques, la Savoie laisse volontiers à la Calabre le monopole des Fra-Diavolo et autres bandits illustrés par les opéras comiques d'Auber et de Caraffa. Au lieu d'une surprise de ce genre qui nous eût été d'autant plus agréable qu'elle est plus rare, nous en eûmes une autre beaucoup plus rassurante, ce fut la rencontre d'une silencieuse patrouille d'infanterie, qui s'acquittait, en conscience, de sa mission.

Un spectacle curieux qui rappelle, à certains égards,

celui dont on jouit depuis le col de la Faucille, nous était réservé au col du Mont-du-Chat que, par la petite ville d'Yenne, nous atteignîmes après une ascension assez longue; nous voulons parler du beau bassin de la vallée de Chambéry, bordé de montagnes escarpées et dans lequel s'étalent, comme à plaisir, les beautés gracieuses et terribles de la nature alpestre.

En face, nous apercevions Aix, précédé d'un énorme massif de verdure; à nos pieds et à une profondeur effrayante, le lac du Bourget, sur lequel nous semblions planer. Cet effet, produit par une illusion d'optique, est des plus saisissants, depuis la route si audacieuse qui côtoie à pic, à une immense hauteur, les bords du lac qu'elle semble braver; mais calme et tranquille comme toutes les grandes œuvres de la création, il semble peu s'inquiéter de cette rodomontade, et déploie dédaigneusement devant elle son splendide éventail d'azur, dont les derniers plis se dérobent mystérieux derrière les montagnes qui sont au nord.

Au fond de la vallée, à droite, on aperçoit, au milieu de bouquets de verdure, au pied du Mont de Nivolet, Chambéry, dont les toits scintillent au soleil comme les armures d'une troupe de guerriers campés sous les ombrages d'une oasis. A mesure que l'on descend cette ingénieuse route, se repliant en anneaux capricieux, comme ceux d'un gigantesque serpent, la scène change complétement; car, tandis que le lac semble s'éloigner, Aix disparaît, masqué par un mamelon de verdure. Bientôt après avoir dépassé le village du Bourget, on traverse la plaine, et l'on n'aperçoit plus du lac qu'une écharpe irisée qui voltige autour de la rive. On dirait qu'un ruban de l'arc-en-ciel s'est détaché de son trône aérien pour donner un baiser à ces bords embaumés.

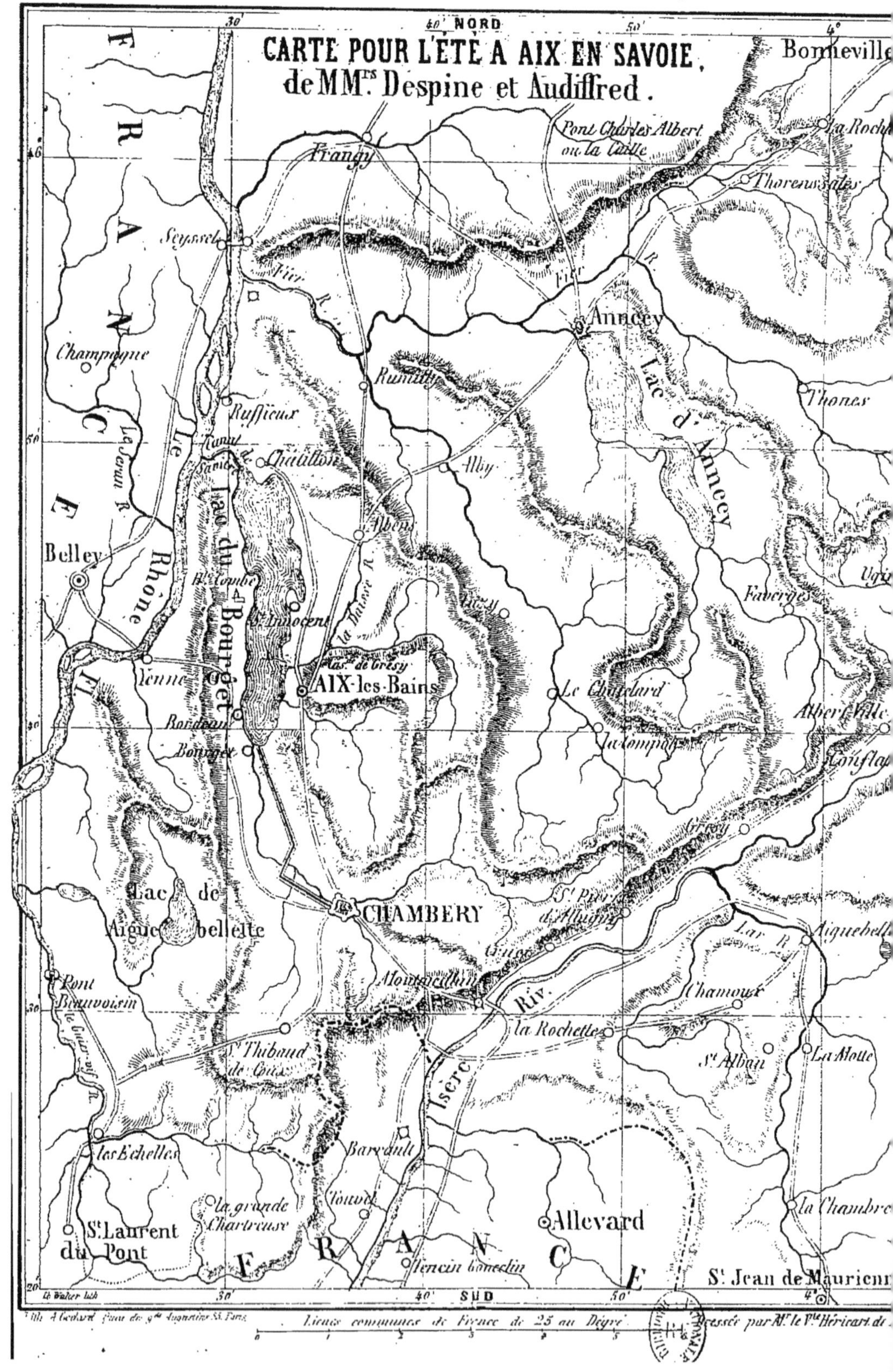
CARTE POUR L'ÉTÉ A AIX EN SAVOIE,
de MM.rs Despine et Audiffred.
NORD
SUD
FRANCE
FRANCE
Bonneville
La Roche
Pont Charles Albert ou la Caille
Frangy
Thorens
Seyssel
Fier R.
Annecy
Lac d'Annecy
Champagne
Rumilly
Thones
Ruffieux
Chatillon
Alby
La Seran R.
Le Rhône
Belley
Lac du Bourget
Albens
Faverges
St. Innocent
AIX-les-Bains
Le Chatelard
Yenne
Bordeau
Bourget
Albert Ville
Lac de Aiguebelette
CHAMBERY
Gresy
Aiguebelle
Pont Beauvoisin
Montmélian
Chamoux
la Rochette
Isère Riv.
St. Thibaud de Couz
St. Albain
La Motte
les Echelles
Barrault
la grande Chartreuse
Allevard
la Chambre
St. Laurent du Pont
Tencin Goncelin
St. Jean de Maurienne
Lieues communes de France de 25 au Degré

LA SAVOIE.

Avec leurs grands sommets, leurs glaces éternelles,
Par un soleil d'été, que les Alpes sont belles !
Tout dans leurs frais vallons sert à nous enchanter ;
La verdure, les eaux, les bois, les fleurs nouvelles.
. . . .

A. GUIRAUD (*Le petit Savoyard*).

Jetée comme une barrière éternelle entre la France et l'Italie, la Savoie avec ses montagnes gigantesques, ses délicieuses vallées, ses lacs mélancoliques, ses cascades, ses grottes et ses glaciers ensevelis dans le linceul de leurs neiges séculaires, est certainement une des régions les plus bizarres du globe, et n'a rien à envier aux beautés de la Suisse, sa sœur jumelle. A voir toutes ses merveilles fantastiques, il semble que le Créateur ait voulu, dans un sublime caprice, y réunir tout ce que l'imagination délirante de l'artiste ou du poëte peut rêver de plus gracieux et de plus terrible.

Il existe une foule de personnes très-recommandables, des académiciens, des vaudevillistes et même des hommes d'Etat, tous gens d'infiniment d'esprit, qui, ne connaissant la Savoie que par *La Linda di Chamouny*, ou les déclamations démagogiques, s'imaginent que ce pays est très-pauvre et gémit sous l'oppression. Ils auraient bientôt reconnu leur double erreur, s'ils avaient vu cette belle vallée de Chambéry, dont la fertilité égale celle du Dauphiné et de la Limagne, et les prétendus esclaves qui l'habitent, coiffés impunément du bonnet rouge qui scandalise si fort certaine république, ce qui ne les a pas empêchés de refuser la liberté qu'on voulait naguère leur imposer.

Que nos jolies lectrices nous pardonnent de leur faire ici un petit cours d'histoire de la Savoie; si nous nous y intéressons si fort, c'est qu'il y a entre elle et la France une si grande analogie de religion, de langage et de mœurs, qu'en parlant de la Savoie, c'est encore parler de la France, avec laquelle elle s'est souvent intimement unie par des alliances princières.

Sans remonter aux temps antédiluviens, et au risque de passer pour un savant en *us*, nous dirons donc que la Savoie s'appelait autrefois *Sabaudia* ou *Sapaudia*, deux mots latins dérivés de la langue celtique et dont la nébuleuse étymologie a, comme tant d'autres, le privilége d'exercer quelques esprits ingénieux, sans rien apprendre, le plus souvent, de bien positif.

Les Allobroges, habitants de cette contrée, visités par Annibal, 217 ans avant J.-C., passèrent définitivement sous la domination romaine pendant le règne de Néron, qui les annexa à la seconde Narbonnaise. Si, pendant cet état de choses, qui dura jusqu'à la chute de l'empire d'Occident, en 395 de l'ère chrétienne, les Allobroges vécurent dans un état florissant, ils payèrent chèrement leur bonheur momentané. Les Barbares du Nord, les Huns avec Attila, les Vandales et les Bourguignons plongèrent tour à tour, pendant plusieurs siècles, leur malheureux pays dans toutes les horreurs de la guerre et du pillage.

Enfin, la Providence sembla prendre pitié des malheurs de la Savoie, en lui donnant pour maître, en 1010, Humbert aux *blanches mains*, comte de Maurienne, d'où descendent les princes de cette puissante et valeureuse maison de Savoie, qui pendant huit siècles ont régné, d'abord sous le titre de comtes, depuis Thomas Ier, mort en 1223, puis sous celui de ducs, conféré à Amédée VIII, en 1416, par l'empereur Sigismond, et enfin sous celui de rois, depuis Victor Amédée Ier, qui monta sur le trône en 1675, jusqu'au roi actuel Victor Emmanuel, le digne successeur de l'héroïque Charles Albert.

La Savoie, on le sait, fut pendant vingt-deux ans incorporée à la France, sous le nom de département du Mont-Blanc; mais les traités de 1815 la rendirent à Victor Emmanuel V, dont le royaume s'accrut de l'important territoire de l'ancien duché de Gênes. La population, qui lors du dernier recensement était de 564,137 habitants, est aujourd'hui d'environ 600,000. Elle forme actuellement une des divisions militaires du royaume de Sardaigne et se subdivise en sept provinces : Savoie propre, Genevois, Faucigny, Chablais, Haute-Savoie, Maurienne et Tarentaise, qui sont administrées par sept intendants qui relèvent d'un intendant général résidant à Chambéry, avec un gouverneur commandant général de la province.

Les illustrations de tous genres, qui ont jeté tant d'éclat sur ce pays, sont trop nombreuses pour que nous les passions sous silence. Ainsi, indépendamment des princes Pierre de Savoie, dit *le petit Charlemagne*, d'Amédée V, dit *le Grand*, qui après la levée du siége de Rhodes plaça la croix blanche dans les armoiries de sa maison, d'Amédée VI, dit *le Comte vert*, à cause de la couleur de son armure, d'Amédée VIII, fondateur de l'ordre de Saint-Maurice, d'Emmanuel Philibert, surnommé *Tête-de-fer*, et du magnanime Charles Albert, dont la célébrité grandira dans l'histoire comme celle de l'illustre vaincu de Pavie, la Savoie s'enorgueillit encore d'avoir donné le jour à plusieurs autres grands hommes.

Les noms, à jamais célèbres, de saint François de Sales, de Bernard de Menthon, du grammairien Vaugelas, de Ducis, de Berthollet, de Joseph et de Xavier de Maistre, n'ont pas besoin de commentaires. Si on y ajoute ceux de l'abbé de Saint-Réal, de Michaud, des de Buttet, des Costa, de trois papes et des généraux Desaix, Curial, de Boigne, Chastel, de Couz et Pactod, on verra que la Savoie n'a rien à envier, sous ce rapport, aux autres nations.

AIX.

Aix est un si brillant séjour,
Tant de variété vous charme et vous captive!
Aussitôt que de mai les naissantes chaleurs
Éveillent la nature et ramènent les fleurs,
De cent pays divers on se presse, on arrive.

Mlle JENNY BERNARD (*Le Luth des Alpes*).

Si la Savoie est un des plus beaux fleurons de la couronne de Sardaigne, Aix est un des plus brillants joyaux du duché de Savoie. De toutes les villes de bains, il en est peu de plus richement dotées, car à l'efficacité de ses eaux merveilleuses, viennent se joindre les attraits d'un beau ciel, avec toutes les séductions bizarres dont la nature s'est montrée si prodigue dans les régions alpestres. Bâti sur le penchant d'une riante colline, dont les dernières ondulations vont expirer au pied du vert coteau de Tresserve, protégé, à l'est, par la chaîne des Bauges, et, l'ouest, par celles de l'Epine et du Mont-du-Chat, entouré de curiosités pittoresques de tous genres,

Aix, non-seulement rivalise, sous le rapport topographique, avec la plupart des villes thermales de l'Europe, mais encore les éclipse complétement.

Il n'est pas de baron, si bon chrétien qu'il soit, dont l'origine remonte aussi haut que la sienne, car elle était déjà connue du temps des Romains, grands amateurs d'eaux minérales, ainsi que l'attestent les vestiges d'antiquités qu'on retrouve, non-seulement à Aix, mais encore à Vichy, à Bourbonne, au Mont-Dore et dans les autres établissements du même genre, alors déjà en renom dans les Gaules. Le nom d'Aix, bien que connu au troisième siècle, disparaît momentanément comme tant d'autres, pour ne plus reparaître qu'en l'an 1000, lors de la cession faite par Rodolphe, roi de Bourgogne, du comté de Savoie, à Bérold de Saxe, l'un des descendants de Vitikind et le père d'Humbert *aux blanches mains.*

Ainsi placé, Aix était une belle proie, dont les comtes de Genevois cherchèrent à s'emparer. Ils l'occupèrent momentanément, mais il redevint définitivement la propriété des princes de Savoie qui, après en avoir fait une baronnie, l'érigèrent en marquisat en 1575. A partir de cette époque, l'histoire se tait sur Aix, qui n'a pas porté moins de quatre noms latins, et qui, bien qu'incendié plusieurs fois, n'en est pas moins aujourd'hui l'agréable cité qui se dresse devant le lac du Bourget, dans lequel elle voudrait bien se mirer, la coquette !

Si quelque voyageur assez osé, fût-il un Mungo-Park ou un Jacquemond, se hasardait, ce qui n'arrivera certainement jamais, à visiter Aix pendant l'hiver, il y jouirait du singulier spectacle d'une ville endormie dans la neige, et dont les rues, les places, les fontaines et les 4,000 habitants semblent plongés dans le silence du tombeau. Tout est immobile, tout se tait comme dans une nécropole ; mais heureusement ce sommeil n'est point la mort, ce n'est qu'une léthargie bienfaisante qui se dissipe aux premières lueurs du soleil du printemps. Sous ses rayons vivifiants, les neiges se fondent en folles cascades ; avec les bruyères et les gazons reparaissent les oiseaux et leurs chants d'amour ; les persiennes des hôtels se rouvrent gaiement, et la Naïade verse d'inépuisables larmes de bonheur et de joie en voyant revenir, avec les lilas et les roses de mai, le premier malade qui implore son secours. Alors la saison recommence, pour ne finir qu'avec les brouillards d'octobre ; elle revient avec ses cures merveilleuses, ses plaisirs, ses incidents, ses drames et ses petites chroniques. Aussi arrive-t-on à ce curieux pèlerinage de tous les points de l'Europe, non pas pieds nus et la bourse vide, Dieu merci ; mais dans de confortables voitures et les poches bourrées d'or et de bank-notes. C'est surtout dans les mois de juillet et d'août où la foule abonde, que les heureux habitants d'Aix emploient, pour faire honneur à leurs hôtes, une foule de combinaisons et de stratagèmes dont ne se serait certes jamais avisé l'esprit inventif de Figaro.

Quoique les Français y soient en majorité, les Italiens y abondent aussi; mais les Allemands y sont rares. Pas n'est besoin de dire qu'il y a des Anglais, car on en trouve partout, depuis le Pic de Peeter-Boot, jusqu'au détroit de Béhring; on y voit aussi quelques Chinois.... de tous les pays. Cette diversité de nations, de manières et de langages donne aux réunions un cachet exceptionnel, bigarré, dont la piquante variété n'est pas le moindre charme. De ces contrastes peut naître une série d'études dignes des crayons de Goya et de Gavarni.

Le genre de vie qu'on mène à Aix est, à notre avis, ce que devrait être partout la vie des eaux : libre sans licence, simple sans négligence, élégante sans morgue, c'est l'image de la vie de château; on y est libre de ses actions, toute la journée, et pourvu qu'on paraisse au dîner et le soir au salon, on ne vous en demande pas davantage.

Pour les baigneurs, les jours semblent atteindre, à Aix, la longueur des journées presque sans nuit que l'on remarque en Russie et dans les régions les plus rapprochées du pôle. Ce phénomène trouvera plus tard, et tout naturellement, son explication. Essayons, en attendant, d'esquisser ici l'emploi de cette période de vingt-deux heures.

Et d'abord, qu'on le sache bien, pour les malades, le moment le plus chaud de la journée n'est pas, comme on serait naïvement tenté de le croire, de deux à quatre heures de l'après-midi, mais bien de deux à neuf heures du matin. Ceci, pour être plaisant, n'en est pas moins très-vrai et ne passera certainement pas pour un paradoxe, quand on saura que le service des bains et des douches commence dès deux heures du matin et que l'on connaîtra la chaleur vésuvienne qui y règne.

Tout l'essaim de baigneurs et de baigneuses transportés à bras dans des fauteuils mystérieusement voilés, comme s'il s'agissait de quelques sultanes favorites sorties du harem, a disparu à neuf heures. Mais, rassurez-vous, ces chrysalides sortiront bientôt de leurs enveloppes, sous mille formes différentes, en élégants cavaliers, en douairières, en vieux muscadins, en séduisantes polkeuses, papillons blancs, bruns ou roses, dont les variétés feraient le désespoir de tous les Linnées du monde.

A dix heures, un carillon général, qui laisse bien

loin derrière lui celui de Dunkerque, en rappelant les baigneurs attardés et les buveurs de la fontaine de Marlioz, annonce que le déjeuner est servi. C'est un ambigu auquel on prend une part active, en négligé ou plus souvent en toilette de promenade; car la promenade est une des préoccupations les plus générales, à moins qu'on ne préfère aller au Casino, lire les journaux, y faire ou entendre la musique, ou y tenter les faveurs capricieuses de dame Fortune.

Mais réservons ces distractions pour quelques jours nébuleux : aujourd'hui le temps est si beau, le ciel si pur, qu'il faut en profiter : à demain les autres plaisirs. Où irons-nous? à Hautecombe, à Bordeaux, à la cascade de Grésy, aux Charmettes? Voilà ce que se disent gaiement nos touristes en descendant vers la grande place d'Aix, vaste rectangle peu régulier, où stationnent, à la plus grande joie des oisifs, ânes, guides, bateliers et voitures. Aussi les brillantes offres de service viennent vous y assaillir de toutes parts, c'est un véritable déluge. — Madame, prenez cette petite calèche découverte, la marquise F... n'en voulait pas d'autres l'an passé; elle est très-douce; milord W... voulait me l'acheter à toute force. — Monsieur, voyez mon petit âne, comme il est gentil et vif; il a gagné le premier prix aux courses de la

Pentecôte; c'est un fin coursier, une vraie gazelle, quoi! et de pure race beaunoise encore. — Messieurs, pour le lac; aujourd'hui, il est doux et tranquille comme un mouton. Entouré de tous ces guides, de cette myriade d'ânes, dont l'air belliqueux eût fait trémousser d'aise le sensible Sancho, au milieu de ce feu croisé de propositions séduisantes, qui vous excitent comme l'aiguillon enflammé des banderilleros, votre choix est bientôt fait. — Aussi, en moins d'une demi-heure, la place est vide, les joyeux escadrons, les chasseurs et même les paisibles pêcheurs ont disparu; tout le monde est parti pour ne rentrer qu'au moment du dîner. Quand nous disons tout le monde, nous nous trompons, car il reste bien toujours quelques-uns des fidèles habitués du cafetier Jacotot, qu'à sa singulière figure semi-narquoise, on serait tenté de prendre pour le Sosie de ce pauvre Alcide Tousez. A la vue de cet intéressant bipède, illustré par Alexandre Dumas, et tiré à cent mille exemplaires, on comprend l'orgueil de Jacotot, s'écriant au milieu de ses lauriers roses et de ses grenadiers en fleurs:

« L'amitié d'un grand homme est un bienfait des Dieux. »

Cependant, l'heure du dîner, en ramenant au bercail toutes ces charmantes brebis égarées, leur permet de réparer leurs forces pour les plaisirs de la soirée.

C'est une tâche d'autant plus facile à remplir que l'appétit, singulièrement aiguisé, trouve une ample satisfaction dans les truites et surtout les lavarets, ce précieux produit du lac, qui s'étalent sous toutes les formes, à vos regards. Le festin serait, en tous points, digne de Lucullus; Brillat-Savarin lui-même n'y trouverait rien à redire, n'était le malheureux vin du crû, liqueur noire, sans bouquet et sans goût, qui fait soupirer les gourmets après le bourgogne et le bordeaux. Mais n'aurait-on pas mauvaise grâce de se montrer difficile sur ce chapitre, dans un pays où l'on est venu prendre les eaux? Aussi la bonne humeur des convives ne se dément-elle pas, et la retrouve-t-on tout entière, à la promenade ou au Casino, aux accents irrésistibles de l'orchestre. Il ne peut en être autrement, car au charme de la musique viennent se joindre toutes les séductions, toutes les innocentes coquetteries de femmes rayonnantes de jeunesse et de beauté, anges divins dont la piquante conversation, autant que les doux sourires, viennent poétiser, par un rêve d'amour, la fin de cette grande journée de vingt-deux heures, qu'alors on trouve encore trop courte.

ÉTABLISSEMENT ROYAL DES BAINS.

L'antique efficacité des eaux d'Aix, leur célébrité toujours croissante, imposaient au gouvernement Sarde des obligations qu'il a largement et royalement accomplies. Depuis l'invasion des Barbares, qui détruisirent les belles constructions élevées par les Romains, et pendant tout le moyen âge, les eaux d'Aix étaient administrées dans une simple grotte où les rares malades des deux sexes étaient séparés par une muraille. Henri IV vint s'y baigner avec sa cour en 1600.

Ce fâcheux état de choses dura jusqu'en 1780, époque à laquelle le roi Victor Amédée III chargea un habile ingénieur, le comte Nicolis de Robilan, de construire, sur une partie des anciens thermes romains, le grand édifice qui porte aujourd'hui le nom d'Établissement royal.

Ce monument, terminé en 1783, est situé dans la partie haute de la ville, à l'endroit où jaillit l'eau de soufre ; il gagnerait certainement beaucoup en élé-

Raffort, del. Victor Petit lith.

Etablissement Royal.

gance si on le dégageait des vieilles maisons qui l'entourent. Sa façade est ornée de quatre colonnes d'ordre ionique, surmontées d'un fronton, au milieu duquel brille, couronnée d'attributs, la croix blanche de Savoie sur son champ de gueules. Au milieu est placé le buste du roi actuel, sous lequel on lit l'inscription suivante :

VICTOR AMEDEUS III REX
PIUS FELIX AUGUSTUS P. P.
HASCE THERMALES AQUAS
A ROMANIS OLIM E MONTIBUS DERIVATAS,
AMPLIATIS OPERIBUS,
IN NOVAM MELIOREMQUE FORMAM REDUCI JUSSIT
APTIS AD ÆGRORUM USUM ÆDIFICIIS,
PUBLICA SALUTIS GRATIA INSTRUCTIS,
AN. MDCCLXXXIII.

Il comprend, indépendamment des thermes Berthollet, qui forment un établissement distinct, quatre grandes divisions, qui sont : la division Centrale, la division des Princes, ainsi nommée à cause des visites qu'y firent le roi Victor-Emmanuel et le duc d'Angoulême en 1816, et le roi Charles-Félix et la duchesse de Chablais en 1824 ; la division d'Enfer, qui tire son nom de la situation souterraine et de sa haute température ; et enfin celle des thermes Albertins, à laquelle le roi Charles-Albert a bien voulu donner son nom.

Le péristyle fait face à une petite cour en fer-à-cheval où se trouvent des cabinets de bains qui recevront incessamment des baignoires de marbre blanc. Derrière cette cour, qui fait partie de la division Centrale, jaillissent de tous côtés les sources d'alun et de soufre qui, pour vous guérir, prennent les mille formes de Protée : bains, douches de tous genres, douches générales, locales, écossaises, ascendantes, verticales et de vapeur ; il n'y a vraiment que l'embarras du choix.

Laissons les bains ordinaires alimentés par des filets d'eau d'alun, de soufre et d'eau ordinaire, comme trop prosaïques, et descendons ensemble, si vous le voulez bien, dans le domaine brûlant de la douche d'Enfer ; quand nous disons brûlant, ce n'est point une hyperbole, car on se ferait difficilement une idée de la chaleur qui y règne. Madame de Sévigné, qui disait des douches anodines de Vichy, que c'était une assez bonne répétition du purgatoire, aurait jeté les hauts cris en entrant dans ces cabinets humides et sombres, éclairés par la pâle lueur d'une lampe, et d'où s'exhale une odeur très-prononcée de soufre. Vous vous y croiriez sous l'empire de quelque cauchemar, si la main intelligente du doucheur ne venait vous rappeler au sentiment de la réalité. Mais bientôt une chaise à porteurs vous transporte, hermétiquement fermé dans votre lit, où la transpiration et une douce somnolence vous bercent agréablement de ces rêves délicieux produits par l'opium ou le hatchis des Orientaux.

Si la température des piscines est moins élevée, la physionomie en est plus amusante. Celle des hommes est, au moins, aussi bruyante que celle des dames, ce qui n'est pas peu dire. Voyez et écoutez : « Une, deux, trois! Piquez une tête! En avant! Convoi direct pour Saint-Cloud! Grimpez à la corde! » Ne croirait-on pas, à toutes ces exclamations, se trouver en pleine Seine, à l'école Deligny? Il n'en est rien, cependant, car tous ces exercices de natation et de gymnastique, tous ces cris entremêlés d'éclats de rire et de sauts de carpe, s'entre-choquent dans un grand parallélogramme aux voûtes rougeâtres, éclairé par le haut; c'est la piscine des hommes.

A la piscine des dames, où l'onde salutaire reçoit dans un élégant bassin ovale leurs membres délicats chastement voilés, les exercices sont moins excentriques; mais, en revanche, la conversation n'y languit pas, et Dieu sait tous les contes, toutes les aventures et toutes les petites chroniques scandaleuses qui s'y sont débités; un Tallemant des Réaux n'y suffirait pas.

Les eaux d'Alun, ainsi nommées par pur caprice, et celles de soufre, qui ont une température moyenne de 34 à 37 degrés centigrades, sont prises en boisson, dans les salles des Pas-Perdus de la division Centrale, où sont ménagées deux fontaines.

On pense généralement qu'elles descendent des montagnes des Bauges, d'où elles jaillissent à Aix, d'un rocher qui, surplombant l'emplacement occupé par les bains, leur donne une force motrice naturelle qui est habilement ménagée par les médecins, dans leur mode d'administration. Les personnes qui veulent étudier l'origine et les différences de ces deux sources peuvent visiter la grotte des Serpents, ainsi appelée à cause des reptiles que la chaleur y attirait jadis, et le puits d'Enfer, qui est voisin de cette grotte.

L'intendant général du duché de Savoie est le chef de l'administration de l'établissement royal des bains d'Aix ; il a délégué à une Commission administrative de sept membres, ses attributions qui s'étendent sur tout le régime économique.

Le médecin des eaux est de nomination royale et porte le titre de Médecin-Inspecteur de l'établissement royal des bains ; ses fonctions sont les mêmes que celles des médecins inspecteurs des eaux de France ; c'est lui qui est spécialement chargé de l'application sanitaire des eaux, de la police de l'établissement ; il reçoit les plaintes des malades relativement au service des employés, qui sont examinés et dressés par lui ; enfin, il fait, tous les ans, au gouvernement un rapport sur la situation de l'établissement et sur les améliorations à y introduire.

Ces hautes fonctions, honorablement remplies pendant de longues années par M. le baron Despine père, nommé inspecteur émérite, le sont actuellement par M. le docteur Despine fils.

C'est à ce dernier qu'est due la récente création du musée pathologique dans l'établissement même. Ce musée, unique dans son genre, reproduit en cire coloriée les principaux cas de maladies graves traitées avec succès ou guéries radicalement par l'emploi des eaux. M. Despine, en créant ce musée, a eu en vue d'encourager les malades, et de fournir aux médecins étrangers l'occasion de mieux observer l'efficacité du traitement suivi à Aix. Ces sortes de tablettes votives, imitées de celles que l'on dressait jadis dans les temples grecs, qui initièrent Hippocrate aux mystères de son art, offrent un véritable intérêt.

Indépendamment du médecin-inspecteur, plusieurs autres employés complètent le personnel de l'établissement. Ce sont un économe, un contrôleur, trois huissiers, un concierge, puis une véritable cohorte de doucheurs, doucheuses, sécheurs, sécheuses, de coureurs et postillons.

LE CASINO.

Si l'établissement des bains est indispensable à Aix, le Casino ne l'est pas moins. Ceci n'est point une exagération pour qui sait que chaque année, au retour de l'été, une foule voltigeante d'aspirants malades, affectés de rhumatismes fabuleux, vient s'abattre sur les cités thermales renommées par leurs plaisirs. Heureuses et trois fois heureuses donc celles qui réunissent ces avantages! car elles peuvent réaliser des rêves de fortune tellement extravagants, qu'ils laissent bien loin derrière eux les quaternes à la loterie, la Californie et ses lingots d'or. Aujourd'hui, grâce à son Casino, Aix peut s'enorgueillir d'être de ce nombre.

L'ancien château des marquis d'Aix servait naguère encore de cercle; mais ses voûtes gothiques, ses escaliers écrasés n'étaient plus en harmonie avec le nombre de ses abonnés; à cette foule brillante il fallait une demeure plus vaste et plus confortable: c'est ce que comprit parfaitement la société formée pour édi-

Victor Petit, lith.

fier le nouveau monument, qui a été terminé par un Français, M. Bias ; un château eût suffi, on éleva un palais.

L'architecte, M. Pellegrini, n'a point sacrifié au mauvais goût du jour ; il a laissé de côté, et nous l'en félicitons, les fioritures architectoniques et les colifichets rococos des modernes constructions parisiennes, pour s'en tenir à un style plus simple et plus élégant à la fois. Le Casino, placé dans une position magnifique, d'où s'étalent à l'envi tant de beautés pittoresques et que domine la Dent-du-Chat, est précédé d'une cour d'honneur, dont les abords sont défendus par une grille. La façade se compose d'un principal corps de bâtiment flanqué de deux pavillons, et séparé au milieu par un péristyle qui donne accès dans l'intérieur de l'établissement. Pour apprécier l'excellent parti que l'administration a su en tirer, entrez et jugez : les valets de pied, en riche livrée, et les huissiers qui stationnent dans la salle d'attente vous y introduiront.

En face et tout d'abord, est le salon de musique, harmonieux champ clos, dans lequel viennent lutter, de toute la souplesse des doigts et du gosier, les virtuoses des deux mondes ; puis, se trouve la grande salle de bal, gracieux ovale, tout resplendissant d'or, de girandoles et de splendides tentures, au fond duquel brille, d'un éclat sans pareil, la magnifique glace parisienne, dont la sœur jumelle fut brisée lors du pillage du château de Neuilly.

Les salles de jeux, séparées par un charmant petit salon perse, aux tentures vertes et roses, très-coquettement meublé, occupent l'aile droite, tandis que le cabinet de lecture, des salons d'étude et de conversation et le restaurant se trouvent à l'aile gauche. C'est une heureuse idée que ce restaurant, avec sa table d'hôte à 4 fr., et surtout ses cabinets particuliers. Grâce à cette innovation, aux fins soupers qui s'y donnent, on se croirait transporté à la Maison-Dorée, ce charmant cabaret Pompadour qui fait les délices de nos gentilshommes du sport et des duchesses des bals masqués de l'Opéra.

De la galerie qui règne sur la façade du midi, on descend dans un grand jardin aux pelouses verdoyantes, habilement entrecoupées de massifs d'arbres d'où l'on jouit, le soir, du double plaisir de la vue de la campagne et de l'aspect animé que présente la jolie terrasse du Casino. Elle est alors si agréablement peuplée d'hommes et de femmes, qu'on la prendrait pour une guirlande de fleurs qui enlace galamment l'édifice. En remontant, on trouve à gauche un kiosque servant d'orchestre à une excellente musique militaire qui, deux fois par jour, vous initie aux airs nouveaux de tous les grands maestri.

Il est, le soir, après dîner, un moment vraiment délicieux, lorsque mollement assis au milieu des femmes et des fleurs, savourant sur la terrasse du Casino les bouffées d'un régalia et les flots d'une douce harmonie, vous vous enivrez de l'admirable coup d'œil que Tresserve, la crête du Mont-du-Chat et la vallée de Chambéry viennent varier à l'infini. Le soleil, embrasant de ses derniers rayons les flancs et les sommets des montagnes rougissantes sous ses ardents baisers, inonde leurs prismes de ses flammes capricieuses, dont les tons passent successivement du jaune d'or au pourpre, au violet, puis au gris terne de la nuit. Qui pourrait dépeindre la sublime magnificence de ces effets de lumière, si rapides, si inattendus, qui viennent couronner, l'espace d'un instant, ces falaises antédiluviennes? Toute la magie de la plume de Chateaubriand ou du pinceau de Gudin n'y suffirait pas.

Mais, tandis que perdu dans une admirative contemplation, l'esprit s'égare dans ses poétiques rêveries, le tableau s'est assombri, la nuit a jeté sur la belle vallée son humide manteau parsemé d'étoiles, et les sons de l'orchestre de Simon Lévy, ce digne émule des Strauss et des Musard, vous convient à de nouveaux plaisirs.

Bien qu'il n'y ait officiellement, au Casino, que deux grands bals par semaine, le jeudi et le dimanche, l'ardeur de la danse est telle à Aix, qu'on se croit obligé de danser tous les soirs. Les eaux d'Aix auraient-elles aussi le don de la tarentule? Peut-être; mais ce qui est encore plus probable, c'est qu'en présence de cette brillante réunion d'Italiennes si vives, si franchement portées vers le plaisir, d'élégantes Parisiennes et des poétiques jeunes filles de la fière Albion, à moins d'être podagre, goutteux ou paralytique, on se sent pris d'un besoin irrésistible de locomotion. Il y a dans l'air embaumé de cette salle éclairée par des myriades de lumières, un fluide magnétique qui vous excite au plaisir, à la gaieté, à l'amour. Aussi, qui pourrait dire les passions qui y sont écloses, les intrigues qui s'y sont nouées et dénouées de la main droite ou de la main gauche? Parmi les mille et une nouvelles à la main, dont on se préoccupait beaucoup l'année dernière, nous vous dirons la suivante; il ne lui a manqué, pour être illustrée, que le concours de l'huissier Baptiste. Mais qu'on se rassure, ce Figaro alsacien est homme à prendre sa revanche; il est si actif, si discret, si intelligent, il se multiplie tellement, qu'il prouvera une fois plus encore la vanité des proverbes, car ce n'est jamais de lui qu'on pourra dire : *Tranquille comme Baptiste.*

ANTONIA LORENZI.

Vous êtes fine, jeune et jolie, et amoureuse..... un peu, n'est-il pas vrai, madame? A l'ouvrage! un coup de filet.

ALFRED DE MUSSET (*le Chandelier*).

I.

De tous les hôtels qui étalent, sous le beau ciel d'Aix, leurs gentilles persiennes vertes ou grises, il en est peu qui puissent rivaliser avec les hôtels Venat et Guilland. Bosquets mystérieux de verdure et de fleurs, vue admirable sur le lac du Bourget, balcons élégants d'où l'on découvre Hautecombe et Châtillon, tout y semble réuni pour leur donner ce cachet de luxe confortable de l'hôtel des Bergues ou des Trois-Couronnes à Vevey. C'est dans un de ces temples gracieux, toujours envahis pendant la belle saison, qu'était descendue depuis quinze jours une jeune Milanaise, que l'éclat de sa beauté, autant que sa haute naissance et sa grande fortune, faisaient vivement rechercher. C'était une belle proie pour tous les lions sybarites à la crinière parfumée qui se trouvaient aux eaux.

Veuve, à vingt-trois ans, d'un des membres les plus

illustres d'une famille patricienne, tué en combattant glorieusement pour l'indépendance, la comtesse Antonia Lovenzi était devenue naturellement le point de mire de toutes les flatteries et de toutes les ambitions masculines. Sa beauté avait un caractère exceptionnel, car sur ses belles épaules, qui eussent fait rougir de dépit le marbre de Paros, s'étalaient en boucles rutilantes des cheveux roux délicieusement ondés, dont l'école vénitienne nous a légué les types charmants : vous eussiez dit une seconde Adrienne de Cardoville. Jamais femme n'avait peut-être plus heureusement uni à la pureté du galbe, à la divine souplesse de sa taille digne de la Diane chasseresse, une harmonie de mouvements que l'art grec eût enviée dans ses moments d'extase. Aussi la sensation qu'elle avait produite en Italie était si grande, que son nom était dans toutes les bouches.

Antonia n'était point une de ces veuves désolées, encore moins une de ces Arthémises indiennes qui, dans leur désespoir, vont s'immoler sur le bûcher de leurs époux. Soit qu'elle eût peu de prédilection pour ce genre de dévouement, soit qu'elle se sentît instinctivement destinée à de nouvelles félicités conjugales, la comtesse pouvait hardiment être rangée dans la catégorie des veuves très-consolables. Cette supposition acquérait même tous les degrés de la certitude, en présence des aveux très-significatifs qu'elle faisait hautement à cet égard.

Ces intentions, voltigeant de bouche en bouche, étaient habilement commentées, surtout par les élégants célibataires, espèce de milice en disponibilité, qui, en pareil cas, se montre toujours empressée d'entrer dans le service actif du mariage. Aussi c'était vraiment merveille de voir le plaisir bien naturel avec lequel Antonia recevait les hommages de ces ambitieux soupirants. Il y avait entre eux un véritable assaut de prévenances et de compliments poussés jusqu'à l'excès, auxquels, en charitable fille d'Eve, elle répondait par un feu roulant de coquetteries et de toilettes tellement fabuleuses, qu'elle éclipsa bientôt, par le luxe de ses parures, toutes les autres femmes qui, piquées de leur défaite, ne crurent pas pouvoir mieux se venger qu'en lui donnant le surnom de la *Pomposa!* la Pompeuse! la Magnifique!

Tant de succès avaient bien donné à la belle comtesse des enivrements, des triomphes passagers, chers, sans doute, à son amour-propre de femme; mais jusque-là son cœur n'y était entré pour rien. Au milieu de tous ces plaisirs, de toutes ces fêtes dont elle était la reine, elle sentait un vide immense. Combien de fois arriva-t-il à la pauvre idole encensée de rentrer chez elle, le soir, triste et ennuyée! Cependant, c'était un jeu dangereux pour cette nature si riche et si jeune, dont le sang italien connaissait tout le prix de l'amour. Déjà elle sentait une douce préférence pour un officier de Royal-Piémont, le comte Nuvoli, pauvre cadet sans fortune, mais beau, mais brave comme son épée, à la pointe de laquelle il avait conquis tous ses grades. Bien qu'Antonia ne se fût point encore avoué officiellement qu'elle l'aimait, elle éprouvait pourtant, dans le charme de sa conversation, dans la timidité de ses doux aveux, je ne sais quel trouble et quel plaisir secrets qui faisaient tendrement tressaillir son cœur.

Elle était dans cette adorable période où l'amour naissant vous sourit chaste et pur comme l'aurore qui annonce un beau jour, lorsqu'un nouveau convive apparut à l'extrémité de la table d'hôte.

Grâce à la liste des étrangers, et plus encore aux allées et venues d'un grand laquais en mirifique livrée verte et jaune, ornée d'aiguillettes, on sut bientôt que le noble marquis Anténor de Vauchampy, chevalier de l'ordre de l'Eléphant, daignait honorer les eaux d'Aix de sa présence. C'était un grand garçon dont la figure, assez régulière, était encadrée dans un irréprochable collier de favoris noirs. De longues jambes, qui supportaient avec un certain orgueil un torse assez académique, donnaient à penser qu'il appartenait à la famille des grands échassiers. A ce physique passablement original, venaient se joindre un aplomb imperturbable et une démangeaison insurmontable de parler à tout propos de ses chiens, de ses chevaux, de ses terres en Normandie et de ses bois en Bretagne. Une loquacité vide, mais ronflante, une voix de baryton, un répertoire inépuisable de romances et de morceaux italiens, le tout assaisonné d'une américaine avec ses deux poneys, avaient heureusement posé le nouveau venu. C'était, à n'en pas douter, un homme de haute lignée, dont le titre était rappelé à chaque instant de la journée par son laquais, au salon de l'hôtel, au Casino et jusqu'à la douche, où celui-ci venait le demander sous différents prétextes, en faisant sonner bien haut : Monsieur le marquis de Vauchampy !

Une dernière circonstance vint mettre le comble à l'espèce d'engouement dont on s'était pris pour lui. Une caisse envoyée de Paris, par un expéditeur anonyme, arrive un beau jour à notre héros, qui s'empresse de la faire ouvrir, en présence de quelques oisifs de l'hôtel, tout en annonçant qu'il ne comprend rien à cet envoi, qu'il suppose devoir être une mystification ; lorsque, ô surprise ! apparaît dans un splendide cadre sculpté, l'écusson où brillaient les armoiries coloriées du marquis. Elles étaient de gueules au veau d'or, à la face d'argent chargée d'herbes, à la margot en pointe, sur champ d'azur. Celui-ci se récrie en disant qu'il ne sait que faire de ce cadeau, ni où le placer, et, sous ce prétexte, il fait déposer le prétentieux tableau dans le grand salon de l'hôtel où, grâce à certaines devises latines en sautoir et à la science héraldique d'un des assistants, on apprend bientôt que la famille du noble marquis remonte au temps des Croisades.

Cette illustre filiation, qui faisait combattre les aïeux d'Anténor en Terre sainte, ne le mit cependant point en odeur de sainteté auprès de certain personnage de la société, car le lendemain on ne lut pas sans étonnement, et surtout sans force malins commentaires, cette inscription collée à l'un des coins du tableau : *En loterie.* Cet avis charitable était-il l'œuvre d'un mauvais plaisant ou du comte Nuvoli, qui trouvait le marquis beaucoup trop assidu auprès de la belle Antonia? C'est ce qu'on ne put éclaircir. Quoi qu'il en fût, le coup porta juste, car la malencontreuse exhibition disparut le même jour du salon.

II.

Heureux celui qui peut connaître le cœur de l'homme, mais trois fois plus heureux celui qui peut se flatter de connaître cet abîme dangereux, qui s'appelle le cœur de la femme! Depuis le jour de cette ridicule aventure, qui devait tourner au désavantage d'Anténor, la comtesse, chose étrange, battit froid au pauvre officier, qui se désolait de la mauvaise tournure que prenaient ses affaires. En effet, à partir de cette époque, Antonia, par un caprice inconcevable, semblait prendre un malin plaisir à éviter les occasions de se trouver seule avec lui, tandis qu'Anténor était devenu, au contraire, le compagnon indispensable de ses promenades, tant elle se complaisait dans le vulgaire encens de ses compliments, de ses fioritures et de son esprit d'emprunt. Aussi disait-on hautement que la belle veuve allait bientôt échanger sa couronne de comtesse contre celle de marquise. Nuvoli était au désespoir, et d'autant plus affecté qu'Anténor, certain désormais des intentions de la comtesse, affichait hautement son amour pour elle. Il mettait tant d'empressement, tant d'affectation même à la compromettre, en criant sur les toits sa victoire, que sa conduite exaspéra son rival, au dernier degré.

Une querelle, un duel auraient facilement débarrassé Nuvoli de cet ennuyeux personnage; mais le comte avait eu le malheur de tuer en duel, deux ans avant, un ami de collége pour la cause la plus futile, et il avait juré de ne jamais plus se battre. Sous peine d'être parjure à son serment, il en était donc réduit à attendre un changement favorable du hasard ou d'un caprice d'Antonia. Le hasard, un caprice de femme, voilà certes deux bases bien fragiles ! mais n'y a-t-il pas un Dieu pour les amoureux ?

III.

Il est midi : mollement étendue dans un hamac ombragé par des vernis du Japon et des catalpas en fleurs, dont la voûte verdoyante se découpe vivement sur l'azur du ciel, Antonia, tout en écoutant les joyeuses vocalises des oiseaux, renvoie au zéphyr qui la balance les bouffées odorantes d'un cigarito de la Havane et semble profondément préoccupée. A quoi peut donc penser notre belle indolente ? A sa dernière toilette, à son confesseur ? Nullement. A son défunt mari, peut-être ? Encore moins. A quoi pensez-vous donc, ma charmante ? La belle demande, en vérité ! A quoi pensent les jeunes filles, les bergères soupirant au milieu des fleurs où s'ébattent doucement les fauvettes, l'élégante dans son boudoir, la lavandière mirant sa gorgerette dans la fontaine ? A quoi voulez-vous qu'elles pensent, si ce n'est à l'amour ?

C'est aussi à l'amour que pensait la belle Milanaise, ou, si vous aimez mieux, à son amoureux marquis. Mais, soit que l'ombre des arbres projetât sur son visage une teinte de mélancolie, soit qu'un souvenir importun l'assombrît, elle semblait triste en ce moment. Elle l'était en effet, car elle pensait à l'incident qui avait signalé la dernière contredanse qu'elle avait dansée la veille avec Anténor, pendant laquelle un étranger avait salué son élégant cavalier du nom prosaïque de Blagonnet. Un coup d'œil réprobateur avait fait taire le malheureux interlocuteur, avec lequel le marquis s'était éclipsé aussitôt après le quadrille. Etait-ce un sobriquet, une injure ou un nom de guerre ? c'est ce que se demandait la comtesse, avec une certaine inquiétude, lorsqu'un domestique lui apporta deux lettres.

L'une, parfumée comme un sachet persan, semblait contenir ces secrets épanchements du cœur dont les femmes sont toujours si friandes ; l'autre était enfermée dans une enveloppe gigantesque, qu'à son volume on eût prise pour une dépêche ministérielle. Entre les deux, le choix d'Antonia fut bientôt fait ; elle s'empressa d'ouvrir, comme bien on pense, la missive parfumée. Elle était du comte Nuvoli.

« Comtesse, lui disait-il, puisque vous semblez « prendre un cruel plaisir à m'éviter, pardonnez-moi « d'user du seul moyen qui me reste, pour vous « peindre ma douleur et mon désespoir. Est-il besoin « que je vous parle de mon amour ? Vous savez combien « il est pur et profond. Si je vous eusse moins bien

« connue, j'aurais peut-être pu vaincre cette passion « qui fait le malheur de ma vie ; mais après ces ten- « dres aveux, après ces tête-à-tête si heureux, mais « si courts, hélas ! où vous me découvriez, avec cette « grâce enchanteresse dont la nature vous a douée, « tous les charmes et tous les trésors de votre esprit, « je le sens, un pareil effort m'est impossible. Oh ! « pourquoi m'avoir enivré ainsi du feu de vos regards ! « Pourquoi votre haleine embaumée a-t-elle allumé « dans tout mon être une flamme que la mort seule « pourra éteindre ! Oh ! oui, madame, il faut que je « parte, car vous voir sans vous parler, sans pouvoir « baiser la trace de vos pas, c'est un supplice pire que « celui de Tantale. Puisque votre dédain m'y force, il « ne me reste qu'à mourir ; non point d'une mort « obscure et vulgaire, mais d'une mort glorieuse, sur « un champ de bataille, en combattant vaillamment. « Peut-être, au milieu de vos plaisirs et de vos triom- « phes, trouverez-vous une larme pour celui qui vous « aura tant aimée !... »

Ce pauvre Nuvoli m'aimerait-il donc autant qu'il le dit ? pensa la comtesse tout émue, en décachetant d'un air distrait l'autre lettre, qu'elle se mit à lire.

Dire ses exclamations de surprise, ses soubresauts, pendant la lecture de cette lettre, sera chose facile à comprendre, lorsque l'on saura que cette épître, écrite sur un papier vergé jaunâtre, était ainsi conçue :

« Mon cher Polycarpe,

« Enfin, tu as donc trouvé une poulette qui a donné « dans le panneau, grâce aux armoiries que je t'ai « fait confectionner dans le dernier chic, par un en- « trepreneur breveté de généalogies. Cette fantaisie « de blason nous coûte assez cher, par exemple, un « billet de mille, rien que ça ; mais bah ! qui veut la « fin veut les moyens. Si tu avais voulu te contenter « du titre de comte ou seulement de baron, tu en « aurais été quitte pour moitié ; le baron, surtout, est « si peu demandé ! mais, marquis ! excusez du peu, « c'est différent.

« Je vois décidément que tu as donné dans l'œil de « la jeune veuve, et que tu ne veux pas t'en tenir aux « bagatelles de la porte ; il nous faut du solide et du « légitime. J'avoue que le stratagème est un peu « hasardé ; mais l'amour, qui m'a fait faire tant de fo- « lies pour Paméla, et surtout cent mille francs de « rentes font commettre bien des..... inconséquen- « ces. Tâche seulement de brusquer le plus possible « le dénoûment et, surtout, de palper une partie de « la dot, pour fin août, car si nous ne pouvions « faire face à cette échéance, il faudrait suspendre ; « il est vrai que ce ne serait que pour la cinquième

« fois, mais c'est toujours désagréable. Du reste, je « m'en rapporte à toi, car tu sais que cette alliance, « outre le positif, nous donnera un certain vernis et « beaucoup de brillant; c'est ce qu'il nous faut, on « ne saurait trop en avoir dans notre partie.

« Ton père pour la vie,

« LÉONIDAS BLAGONNET,
« Fabricant de cirage à la vapeur. »

En tête de cette lettre, où l'immoralité le disputait au cynisme d'une manière si odieuse, se pavanait, au milieu de deux écussons à l'effigie d'un principicule allemand, le nom de Blagonnet, breveté. Au dos était cette suscription : A Monsieur le marquis de Vauchampy, à Aix en Savoie.

IV.

Je suis indignement trompée! s'écria la comtesse qui, rugissante comme une tigresse blessée, sauta en bas de son hamac; mais il ne sera pas dit que j'aurai été jouée impunément, moi, l'alliée des Doria, des Alfieri! Non! non! par ma sainte patronne, il n'en sera pas ainsi; je suis femme, je suis Italienne et je me vengerai! Ce disant, elle rentre chez elle, appelle ses gens et leur ordonne d'aller chercher Nuvoli. — « Comte, lui dit-elle, en lui serrant la main, lorsqu'il entra, vous êtes un grand, un noble cœur; pourquoi faut-il que votre silence, votre timidité me l'aient fait trop longtemps méconnaître ! Plût au Ciel qu'il en eût été autrement, je n'aurais point été la dupe d'un aventurier. — De qui voulez-vous parler ? Quel qu'il soit, qu'il craigne ma colère ! s'écrie Nuvoli, chez lequel renaissait un rayon d'espoir... Serait-ce, par hasard, Vauchampy ? — Lui-même, répondit la comtesse, avec un accent de rage concentrée. — Quoi ! il se pourrait ? mon rival, cet homme que j'ai toujours instinctivement détesté ! Oh ! reposez-vous sur moi, madame, du soin de votre vengeance. Pour vous je manquerai, il est vrai, à mon serment ; mais que m'importe à moi ? pour vous posséder, Antonia, je vendrais mon âme à Satan. »

Elle ne lui répondit rien, mais elle lui donna sa belle main à baiser, et elle accompagna cette faveur inespérée d'un de ces regards de femme, qui révèlent dans un sourire les joies du ciel ; regards uniques, ineffables, qui donnent du cœur aux faibles et galvanisent les amants.

Ivre de joie et de bonheur, Nuvoli se présente chez Vauchampy, bien décidé à se battre ; mais le noble marquis lui épargna cette peine. Sur un ordre de la police sarde, il avait quitté Aix dans la matinée, laissant à son laquais ébahi le soin de régler ses comptes.

V.

Ceci se passait vers la fin du mois de juillet. Deux mois après, par une belle journée de septembre, une brillante cérémonie attirait la foule dans la cathédrale de Milan ; on y célébrait le mariage du comte Nuvoli avec la belle Antonia Lovenzi.

Par un rapprochement singulier, le même jour et à peu près à la même heure, la Cour d'assises de la Seine condamnait, par défaut, les sieurs Blagonnet père et fils, à cinq ans de travaux forcés pour banqueroute frauduleuse.

LES BAINS ROMAINS. — L'ARC DE CAMPANUS. — LE TEMPLE DE DIANE. — L'ÉGLISE. — L'HOPITAL DES PAUVRES ÉTRANGERS. — M. DE LAMARTINE ET RAPHAEL. — LE VIEUX CHATEAU. — LA FONTAINE DE MARLIOZ. — LE GIGOT. — LA TOUR DE M. EUSTACHE. — SAINT-INNOCENT.

Malgré les invasions des Barbares, qui désolèrent l'Allobrogie, dont Aix faisait partie, on peut encore y admirer de précieux restes d'antiquités romaines.

Les principales sont :

Les bains romains ou *vaporarium romain*, que l'on a découverts sous la maison Perrier-Chabert. Le plus important et le mieux conservé est celui qu'on nomme bain de César, dont l'octogone irrégulier, garni de gradins recouverts de marbre blanc, paraît avoir servi de piscine, et surtout de bain de vapeur.

L'arc de Campanus, qui se trouve dans la cour de la maison Charpentier. C'est un monument tumulaire ou votif, qui porte bien son cachet d'antiquité, auquel deux jasmins servent d'odorantes sentinelles. Bien que construit entièrement en pierres ornées d'inscriptions latines, on a pourtant jugé à propos de le faire assurer contre l'incendie ; que ne l'a-t-on plutôt fait assurer contre les mutilations du vandalisme moderne? Des diverses inscriptions gravées sur cet édifice, voici la principale placée, sur l'attique :

POMPEIO CAMPANO AVO A PATRE
CAIAE SECUNDIN. AVIAE A PATRE
POMPEIAE MAXIMAE SORORI.
POMPEIO CAMPANO FRATRI.

Le temple de Diane est situé à quelques pas de l'arc de Campanus, entre le château du marquis d'Aix et le jardin du presbytère. Par un contraste assez piquant, ce temple, qui était, dit-on, un monument funéraire érigé par les soins des esclaves et des affranchis de Pompeius Campanus, sert aujourd'hui de théâtre. Il formait, avant la Révolution française, la base d'une tour élevée par les seigneurs d'Aix ; mais Dalbitte, commissaire de la Convention en Savoie, ayant fait raser sans distinction tours et clochers, restitua ainsi, sans s'en douter, au monument romain sa physionomie primitive.

L'unique église paroissiale d'Aix, sous le vocable de Sainte-Croix, fut érigée en collégiale, sous le pontificat de Léon X, par les soins de Claude de Seyssel, cet éminent prélat, l'une des gloires de la Savoie, décédé en 1520 archevêque de Turin, auquel Aix s'enorgueillit d'avoir donné le jour. Si, au point de vue de l'art, elle n'a rien de bien remarquable, elle n'en est pas moins intéressante, surtout le dimanche, lorsque paysans et grandes dames s'y pressent agenouillés. Prières naïves du fervent montagnard, mêlées aux supplications de tant de malades venus de si loin; tout s'unit, tout se confond alors, sous les voûtes de l'humble basilique, pour former un mystérieux concert d'espérance et d'amour qui monte vers l'Eternel. Scène touchante, spectacle émouvant que viennent encore poétiser les rites et les pompes du culte catholique, si florissant dans toute la Savoie!

De la foi à la charité, sa divine sœur, il n'y a qu'un pas: ne nous arrêtons donc pas en si beau chemin, et visitons ensemble l'hôpital des pauvres étrangers.

Cet hospice, fondé en 1829 par un généreux Anglais, M. William Haldimand, contient, en tout, vingt lits pour hommes et femmes. L'honneur de la première pensée d'un établissement de ce genre revient tout entier à la reine Hortense qui, bien avant le don de M. Haldimand, avait voulu consacrer, chaque année, une certaine somme au soulagement des pauvres étrangers. Elle avait pensé, non sans raison, la noble femme, au cœur si tendre, faire ainsi une œuvre pie, en souvenir de la fin tragique de la baronne de Broc, dont elle avait été le témoin et la cause bien innocente. Aussi chargea-t-elle du soin de distribuer ses offrandes les sœurs de charité qui avaient veillé près du corps de sa malheureuse amie.

Aujourd'hui, l'hospice est desservi avec un zèle qu'on retrouve partout, par des sœurs de Saint-Joseph. On voit, dans la niche de l'escalier, un buste de très-beau style d'une duchesse de Savoie, dont la piété des habitants des environs avait fait une image vénérée de la Vierge, à laquelle on attribuait une foule de miracles. La statue dont il faisait partie a été tellement mutilée lors des réparations faites à l'hôpital, que ce buste seul a pu être utilisé. Parmi les donateurs de cet établissement charitable, on trouve en première ligne M. W. Haldimand, principal fondateur, puis le roi Charles-Félix, le marquis Léon Costa, et plusieurs autres personnes de distinction.

En remontant quelque peu la ville, on rencontre une maison qu'à son pourtour soutenu par des colonnes, on serait tenté de prendre pour une habitation d'Orient, si une fontaine jaillissait au milieu de la cour qui la précède. Cette maison est plus qu'une banalité de chaux et de pierres, c'est un souvenir que les années rendront plus précieux encore, car elle a abrité le plus grand poëte de notre époque. — C'est ici le berceau de Raphaël, cette création chastement brûlante, dans laquelle M. de Lamartine, sous un voile transparent, nous a révélé, dans son style magique, toutes les tendresses de son cœur de vingt ans. N'est-ce point assez vous dire que vous êtes devant la demeure du vieux médecin M. Perrier, occupée actuellement par Mme Chabert, sa nièce? Entrez-y; la chambre dont la fenêtre ouvre sur la campagne, la treille, le jardin où Julie se réchauffait aux tièdes rayons du soleil d'automne, sont toujours les mêmes. Voici le bois de châtaigniers où Raphaël aimait à se promener avec son amie. L'illusion serait complète si l'on pouvait encore entendre cette voix si chère, qui résonnait « entre les dents à demi fermées, « comme ces petites lyres de métal que les enfants « des îles de l'Archipel font résonner sous leurs lèvres, « le soir, au bord de la mer. » Mais hélas! la réalité a disparu, et la poésie seule est restée pour l'immortaliser!

Par une coïncidence singulière, ce fut dans cette même maison que M. de Lamartine fit, plus tard, la connaissance de Mlle B..., qui devint sa digne compagne. Aussi a-t-il conservé pour ses anciens hôtes une reconnaissance et une amitié que ni le temps ni les orages de sa vie politique n'ont pu altérer.

Personne à Aix ne saurait bouder le nouveau Casino, et moins que tout autre le propriétaire de l'ancien château, M. le Marquis d'Aix. Car ce remarquable édifice du seizième siècle, dans lequel se trouve enclavé le temple de Diane, sera toujours visité avec empressement, non-seulement par les amateurs de souvenirs historiques, mais encore par les promeneurs, qui trouvent, sous les frais ombrages de son jardin, une agréable et toute gracieuse hospitalité. Nous aimons cette vengeance qui sent le grand seigneur ; un parvenu ne s'en serait jamais avisé.

De toutes les promenades qui pullulent autour de la ville, celle de la fontaine de Marlioz est la plus intéressante, car elle réunit l'utile à l'agréable, puisque les propriétaires, MM. Regaud et de Saint-Quentin, ont eu idée d'entourer les deux sources d'Esculape et d'Adélaïde, qui, grâce à leurs vertus précieuses, sont déjà célèbres, de jolies plantations, de kiosques et de chalets qui rappellent l'aspect rustique de la Suisse. Cette fontaine, si heureusement restaurée, a été inaugurée solennellement au mois de juin 1850, à la grande joie des assistants et surtout des malades, qui y viennent en pèlerinage d'autant plus volontiers, que la route d'Aix à Chambéry y conduit en vingt minutes. Un service d'omnibus spéciaux, se succédant sans interruption, y conduira les malades en cinq minutes.

Depuis la fontaine de Marlioz, on peut, en quelques

instants, aller à *la Roche du Roi* admirer le beau panorama d'Aix et de ses environs.

Pour se rendre à la fontaine Saint-Simon, on passe devant le Gigot, dont le nom, passablement prosaïque, vient de sa conformation, qui figure assez bien un gigot. Autrefois, il y a quelque vingt ans, ses arbres séculaires en avaient fait la promenade à la mode. Mais autres temps, autres mœurs ; à la foule brillante qui s'y pressait, ont succédé quelques rares promeneurs et des amateurs du jeu de boules, si en honneur aux Brotteaux et dans tout le midi de la France.

Après un quart d'heure de marche, on quitte la route de Genève, pour un petit chemin qui est à droite, et en quelques instants on trouve, dans un hémicycle de gazon, la fontaine ferrugineuse de Saint-Simon. M. le docteur Despine, inspecteur des eaux, a fait graver sur la borne-fontaine cette inscription : *Source martiale d'Hygie.*

De cette fontaine, on arrive en quelques minutes, par une allée ombreuse délicieusement bordée de prairies émaillées de fleurs, à la tour de M. Eustache. A son air bourgeois et propret, on devine que si elle a soutenu quelque siége, c'est, tout au plus, celui des rats. Le premier étage est tapissé d'anciennes caricatures ; au second, se trouvent deux glaces convexes aplatissant et allongeant la face de la manière la plus comique du monde. Tout ceci est beaucoup moins curieux que le beau coup d'œil dont on jouit depuis le belvéder de cette tour ; on y découvre une grande partie du lac du Bourget, la tour et la cascade de Grésy, et les pans décharnés de la montagne du grand Revard, qui contrastent avec le verdoyant paysage qui vous environne.

Le jardin Chevallay, situé sur le haut de la colline d'Aix, n'est point à dédaigner, car la campagne si variée, qui entoure la ville, s'y présente sous un aspect différent.

Le gracieux coteau de Saint-Innocent, situé sur les bords du lac, est une des plus agréables promenades des environs ; de bons vins, d'excellents fruits, la vue qui se déroule depuis le château et la campagne d'un riche Lyonnais, M. Quisard : tels sont les attraits de cette course d'une heure, que la belle avenue du Port de Puer vient encore embellir.

LA CASCADE DE GRÉSY. — TRESSERVE.

BONPORT. — LA MAISON DU DIABLE.

La première visite des dames est presque toujours pour la cascade de Grésy. Cette prédilection s'explique facilement par son beau site, qu'une grande infortune a rendu célèbre. On s'y rend à pied, en trois quarts d'heure, par la route de Genève qui, par un sentier, conduit aux moulins à scieries de Grésy ; c'est de là que s'échappe le torrent, au confluent du Sierroz et de la Daisse. Rien n'est plus pittoresque que cette excavation à pans perpendiculaires, d'où l'eau tombe avec fracas de tous côtés en cascades écumeuses, et à laquelle des maisons chaudement teintées suspendues sur l'abîme, des pampres de lierre, des fleurs et des rochers, forment un encadrement des plus bizarres. Le spectacle de cette nature dévergondée attriste encore bien plus l'âme quand on pense à l'horrible catastrophe dont elle fut témoin.

En 1813, la reine Hortense qui, comme l'impératrice Joséphine, Mme Lætitia Bonaparte et la princesse Borghèse, affectionnait beaucoup les eaux d'Aix, se rendit à la cascade, accompagnée de Mme la baronne de Broc, sa dame du palais, de M. le comte d'Arjuzon, son chambellan, et de Mlle Cochelet, sa lectrice. C'est à cette dernière, l'un des témoins oculaires de ce triste événement, que nous empruntons, comme étant les plus authentiques, les détails suivants, qui démontrent toute l'énergie et la tendresse de la reine.

« Pour bien voir la cascade (dit-elle dans ses Mémoires), il fallait passer sur une planche que le meunier posa à l'instant sur un petit bras d'eau qui allait d'une vitesse effrayante. La reine passe lestement sur la planche, à peine si elle la touche et elle est déjà de l'autre côté. Mme de Broc la suit ; le pied lui manque, elle est entraînée dans le gouffre et disparaît à nos yeux. La reine était toute seule de l'autre côté, sur un rocher glissant ; la planche avait été aussi emportée : elle ne pense qu'à son amie ; elle ne perd pas la tête, elle arrache son châle de dessus ses épaules, le jette sur le gouffre, en en retenant un bout, se tient sur le bord et appelle à grands cris celle qui ne répond pas et qu'on ne devait plus revoir.

« La reine alors, au désespoir, repasse, en s'élançant, au risque d'être entraînée aussi par ce funeste bras d'eau. Elle est éperdue, elle se joint à nous pour demander du secours ; il en arriva de toutes parts à nos cris, mais tous nos efforts furent vains. »

Enfin, après vingt minutes, on parvint à ressaisir Mme de Broc, mais ce n'était plus qu'un corps inanimé. Telle fut la fin tragique de cette femme belle, remplie de grâce et de talents, dont la reine, si sensible et si charitable, avait fait son amie. Elle était la sœur de la maréchale Ney, princesse de la Moskowa, et veuve de M. de Broc, grand-maréchal du palais du roi de Hollande.

Voici l'inscription si simple et si touchante que la reine fit graver sur la pierre tumulaire érigée à sa mémoire :

MADAME LA BARONNE DE BROC,
AGÉE DE 25 ANS, A PÉRI, SOUS LES YEUX DE SON AMIE,
LE 10 JUIN 1813.
O VOUS QUI VISITEZ CES LIEUX,
N'AVANCEZ QU'AVEC PRÉCAUTION SUR CES ABIMES,
SONGEZ A CEUX QUI VOUS AIMENT !

Ce monument funèbre fut restauré, il y a quelques années, par les soins de Mme la comtesse Mollien, ancienne dame du palais de la reine Hortense.

Au milieu de ces tristes souvenirs, de ces rochers qui, rongés par le temps, semblent menacer vos têtes, au milieu du bruissement des eaux, on se demande par quelle route souterraine elles s'échappent des sombres fissures sous lesquelles elles vont s'engouffrer. — Hélas! là tout est douleur et énigme. N'est-ce point l'image de la vie, joyeuse et bondissante à son aurore, comme les flots de la cascade, mais que des mystères impénétrables font tout à coup évanouir comme eux!

On peut se rendre de la cascade à la tour de Grésy, vestige triste et fort maltraité d'un vieux château féodal qui, au milieu de cette nature si fraîche et si étincelante, semble s'amuser comme un hibou au grand soleil.

Quelle charmante colline que celle de Tresserve, dont le verdoyant mamelon vient masquer un instant l'aspect du lac! Majestueux châtaigniers à l'ombrage protecteur, chemins mystérieux bordés d'odorants acacias et d'arbres envahis par la vigne, dont les branches étalent aux regards leurs guirlandes chargées de grappes dorées, fleurs éparses, oiseaux chantant leurs amours sous la feuillée; voilà Tresserve avec sa vue délicieuse! De quelque côté que l'on se tourne, l'œil est satisfait, puisqu'il peut embrasser tour à tour, Aix, le lac, Châtillon, Hautecombe, Bordeau, le Bourget, la vallée de Chambéry et toutes ces montagnes d'aspect si différent, dont les pics se dressent à l'horizon.

C'est enivré des beautés de ce site que l'on se dirige du village de Tresserve vers le gentil manoir de Bonport, dont les tourelles et les cheminées au ton rouge ressortent vivement sur l'eau transparente du lac. Descendez sans crainte dans le jardin, dont les allées sinueuses et les parterres odorants font honneur au bon goût du châtelain, M. Dubourget. Asseyez-vous sous le quinconce de verdure qui borde le lac, dont la vague vient en expirant baiser vos pieds, et dites-nous si ces tapis de verdure, si ces salles d'ombrage, ces orangers dont l'odeur se mêle à l'âcre parfum des géraniums, ces barques errantes sur l'onde azurée, ne doivent point faire croire au bonheur. Oh! oui, Bonport, ton doux nom est bien choisi; c'est en abordant à ton rivage fortuné que l'on peut s'écrier avec le sage : « *Inveni portum.* » —

Qui croirait que le diable a élu domicile aussi près de ces lieux enchanteurs? Ce n'est pourtant que la simple vérité, car c'est en revenant à Aix, que l'on trouve la maison du Diable. A voir cette sombre masse de pierres grises, sous laquelle on pénètre par un porche à l'aspect sinistre, on pourrait craindre d'en voir sortir quelque héros fantastique d'Anne Radcliffe, n'était le paysage tout pastoral qui l'entoure.

Florian et Mme Deshoulières y auraient pu rêver idylle tout à leur aise. Qu'importe? exploiter le diable, c'est de bonne guerre; aussi n'a-t-on pas craint de mettre sur son compte plusieurs légendes plus ou moins apocryphes. Nous nous ferons le simple écho des deux plus accréditées, n'entendant nullement en assumer la responsabilité, car il ne s'agit pas ici d'un diable de fantaisie, mais du diable en personne, avec lequel il ne faut pas plus badiner qu'avec le feu.

Si l'on en croit M. de Fortis, une jeune et jolie bergère de Tresserve, tout en cueillant des fraises (des noisettes, passe encore, mais des fraises!) fut rencontrée, il y a quelques années, dans le bois de Cornin, par un élégant jeune homme. Les acheter à la jeune fille, lui dire et redire chaque jour l'amour inspiré par la fraîcheur de son teint et l'éclat de ses beaux yeux, ce fut chose facile pour ce nouveau don Juan, qui abusa promptement de la crédulité de l'innocente jeune fille. Aussi, lorsque le curé du village, instruit de leurs entrevues fréquentes, fit venir l'imprudente pour l'interroger, celle-ci répondit en pleurant: «Il n'est plus temps! » Ces mots, qui n'avaient pas besoin de commentaires, désolèrent le curé qui chercha à questionner le séducteur; il venait de partir.

Le cas était embarrassant, mais la charité est ingénieuse. Grâce aux efforts du bon prêtre, une dame étrangère voulut bien se charger de la bergère, qu'elle emmena avec elle et qu'on ne revit plus. Ce départ subit et un peu de superstition donnèrent à penser aux naïves villageoises, que si leur compagne ne venait plus avec ses chèvres au pied du bâtiment désert, c'est que le diable, épris de sa beauté, l'avait enlevée. — De là, le nom de *Maison du Diable.*

Une autre version, bien autrement fantastique, est adoptée sur le même sujet, par Mlle Jenny Bernard, dans son *Luth des Alpes.*

Suivant cette aimable poëte, que la Savoie s'enorgueillit de compter parmi ses illustrations, cette maison serait l'œuvre d'un homme, quelque original excentrique probablement, qui, pour mener à bonne fin cette entreprise, avait pris Lucifer à son service. Celui-ci consentit à se charger de la besogne, mais sous la condition expresse que l'âme de son associé deviendrait sa propriété à son décès. On conçoit facilement que ce dernier reculât par tous les artifices le quart d'heure de Rabelais; mais le diable perdant patience, une fois la maison achevée, expédia ce débiteur récalcitrant et disparut, emportant son âme.

D'après la strophe suivante, on peut juger si les fonctions de Satan étaient une sinécure; nous en doutons, car suivant Mlle Jenny Bernard, on raconte:

Qu'un diable était, la nuit, son aide épouvantable;
Que du fond de l'enfer il apportait la chaux,
Et d'un souffle de flamme allumait les fourneaux;

Et même on l'entendait compter les grains de sable
Qu'il retirait des bords de l'eau,
Quand le vent tournoyait à l'entour du coteau.

Après quarante ans de travail, ni plus ni moins, la maison étant enfin terminée, l'architecte se disposait à en jouir,

Quand un hôte effrayant vint frapper à sa porte,
C'était la Mort.....

En voici bien assez de ces deux variantes : laissons les autres dormir en paix ; allons plutôt ensemble admirer, de la pittoresque plate-forme qui est près de la maison, le beau coup d'œil qui s'étend autour de nous, de quelque côté qu'on se tourne, et rentrons à Aix par ces chemins si coquettement ombragés qui, du pont du Tillet, conduisent à la ville en quelques minutes.

LE LAC DU BOURGET.

> Les vagues n'ont-elles pas une âme? leurs cavernes humides ne sont-elles pas douées d'un sentiment, et ne l'expriment-elles pas dans leurs larmes silencieuses?
>
> LORD BYRON (*Christian*).

PUER. — BORDEAU. — LE CHATEAU DU BOURGET. CHATILLON.

La magnifique avenue des Peupliers, bordée de riantes prairies aux coquets sentiers, aux ruisseaux babillards, est le chemin par où l'on se rend au port du Puer ou Grand port. De onze heures à cinq, il présente une scène pleine d'animation, véritable lanterne magique, dans laquelle passent et repassent sans cesse, à pied, en voitures ou en joyeuses cavalcades, les vertueux pêcheurs, les visiteurs de Bordeau ou d'Hautecombe, ainsi que les Christophes Colombs d'eau douce qui vont à la découverte de quelque baie inconnue; hardis navigateurs que le souffle de la brise et les efforts des bateliers, habiles comme des rameurs canadiens, frappant l'eau en cadence de leurs pagaies, ont bientôt lancés sur le lac.

Cette belle nappe d'eau, qui n'a pas moins de quatre lieues de long sur plus d'une lieue de large, située à 231 mètres au-dessus du niveau de l'Océan, est vraiment imposante, même pour celui qui connaît le lac Léman, ce rival azuré de la mer de Naples. Rien ne vient troubler la transparence de ce miroir de saphir splendidement encadré de sombres montagnes et de délicieuses collines, si ce n'est le mouvement régulier des rameurs. Tandis que l'esquif glisse rapide, qu'il fait bon, nonchalamment couché comme dans une gondole vénitienne, s'égarer dans ses pensées fugitives! C'est en vain que, penché sur l'eau bleue du lac que vous caressez de la main, vous voulez sonder ses mystérieuses profondeurs, savoir quelle révolution de la nature a pu amener un pareil cataclysme; le silence seul vous répond. Il faudrait plus que la cloche d'un plongeur pour vous initier à cette vie sous-marine; la double vue de Robert-Houdin n'y suffirait même pas.

Cependant nous approchons de Bordeau. Au pied du parement pelé du Mont-du-Chat, sur un piédestal de rochers et de verdure que l'eau du lac vient lécher, se dresse la tour de l'ancien château, à laquelle on arrive par un chemin aussi agreste que rapide. De sa terrasse ombragée de puissants figuiers, on découvre un coup d'œil enchanteur : ce sont d'abord les arbres plantés à ses pieds, qui y forment un effet singulier, car ils se découpent vivement en capricieux festons sur l'azur du lac, que l'on serait tenté de prendre pour celui du firmament, tant l'illusion est complète. C'est le monde renversé. Puis, c'est la surface silencieuse du lac dont quelques barques blanches, semblables à des cygnes endormis, rompent seules la poétique monotonie. Vont-elles aborder à Puer, à Hautecombe ou au Bourget? Qu'importe, devant ce panorama qui, partant de Saint-Innocent, embrasse tout le pays compris entre ce point et le village du Bourget, dans lequel on trouve, bordés par la chaîne des Bauges et le mont Nivolet, Aix, Tresserve, Bonport et toute la vallée de Chambéry, au-dessus des montagnes de laquelle apparaît la face neigeuse des Alpes françaises?

Mais cette paisible terrasse, si bien disposée pour un observatoire, n'a pas toujours été aussi tranquille; cette vieille tour démantelée, sur laquelle montent impunément à l'assaut le lierre et les plantes parasites, n'a pas été toujours ouverte ainsi au premier venu; car le château dont elle dépendait a appartenu, au neuvième siècle, aux comtes de Savoie, puis à la noble maison de Seyssel.

Plus tard, si l'on en croit Montaigne, on y établit, vers la fin du seizième siècle, une manufacture d'armes où « se font, dit-il, des espées de grand bruit. » Mais aujourd'hui, tout a disparu ; au son de l'airain forgé par ces modernes cyclopes, a succédé le bruit plus pacifique d'une papeterie alimentée par le ruisseau descendant du Mont-du-Chat, qui, après maints sauts bondissants, se précipite joyeusement dans l'eau tranquille du lac.

Si la chaleur ou la similitude du nom de cet obscur village, avec son célèbre homonyme de la Gironde, excitent trop vivement les désirs de votre gosier, demandez du vin clairet. Ce n'est, certes, ni du Sauterne, et encore moins du Montrachet, mais bien un gentil petit vin de Seyssel, qui vous communiquera rapidement son humeur pétillante.

Le château de Bordeau n'était pas le seul point fortifié du lac, car il servait à relier, comme point de défense, le château du Bourget, situé dans la partie méridionale, à celui de Châtillon, bâti à l'extrémité opposée.

Au onzième siècle et pendant les beaux temps de la féodalité, le château du Bourget, autour duquel s'était groupé le village du même nom, était orné de ponts-levis, de tours, de créneaux et de machicoulis qui le rendaient redoutable, mais dont il ne reste aujourd'hui que quelques pans de murailles et des vestiges de fossés. Cette grandeur déchue serait certainement, comme tant d'autres, tombée dans l'oubli, si elle n'avait eu l'honneur de donner naissance, en 1272, à Amédée V, dit le Grand, l'un des plus beaux noms de la maison de Savoie.

Comme il affectionnait beaucoup cette résidence, il fit venir d'Italie, pour l'orner, les peintres les plus distingués de l'école Florentine, parmi lesquels figuraient plusieurs contemporains et disciples du célèbre Giotto. Mais Amédée V ayant acheté, en 1288, le château de Chambéry, les princes, ses successeurs, abandonnèrent la résidence du Bourget qui, à la suite des siècles, est tombée en ruines.

Le château de Châtillon, moins célèbre par ses souvenirs historiques, bien qu'il ait vu naître le pape Célestin IV, n'a pas été aussi maltraité par les injures du temps. C'eût été vraiment dommage, car s'il exista jamais une position favorable pour un château féodal, c'est bien certainement ce promontoire de rochers tapissé de beaux ombrages, au sommet duquel se dessinent les tours du château. Ainsi perché sur le lac, dans lequel il avance curieusement un pied téméraire, l'œil aux aguets, on eût dit jadis un aigle toujours prêt à fondre sur sa proie. Mais, aujourd'hui, les serres du royal oiseau sont rognées, et le vieux manoir devenu invalide ne menace plus personne, pas même les nombreux visiteurs qui vont jouir du magnifique spectacle qu'on y découvre. Autour du lac, sur lequel on plonge dans sa plus grande longueur, s'épanouissent, à travers mille accidents de lumière, ces merveilles tour à tour si riantes et si sauvages qui, partant de vos pieds, vont, par la vallée de Chambéry, se perdre dans les sommets neigeux des Alpes aux teintes roses.

Puisque nous nous occupons des anciens monuments féodaux, parlons encore de la tour de Cessens. Cette tour, située à trois lieues d'Aix, entre la route de Genève et l'extrémité septentrionale du lac du Bourget, domine, du sommet de la montagne sur laquelle elle est assise, un pays aussi vaste qu'accidenté. Bien que démolie à moitié, sa vigoureuse silhouette semble encore menacer, de toute sa hauteur de 24 mètres, les collines environnantes.

Au lever du soleil, le panorama de Cessens est véritablement magique ; c'est sa vue plutôt que celle des Charmettes ou du mont Nivolet, qui a dû inspirer à Jean-Jacques Rousseau cette belle page devenue classique :

« On le voit s'annoncer de loin, par les traits de « feu qu'il lance au-devant de lui ; l'incendie augmente, « l'orient paraît tout en flammes ; à leur éclat, on « attend l'astre longtemps avant qu'il se montre ; à « chaque instant on croit le voir paraître, on le voit

« enfin. Un point brillant part comme un éclair et « remplit aussitôt l'espace; le voile des ténèbres « s'efface et tombe; l'homme reconnaît son séjour « et le trouve embelli. La verdure a pris, durant la « nuit, une vigueur nouvelle; le jour naissant qui « l'éclaire, les premiers rayons qui la dorent, la mon- « trent couverte d'un brillant réseau de rosée, qui ré- « fléchit à l'œil la lumière et les couleurs. Les oiseaux, « en chœur, se réunissent et saluent, de concert, le « Père de la vie; en ce moment, pas un seul ne se « tait, etc. »

LE MONT-DU-CHAT. — LA GROTTE DE BANCES.

Entre ces deux courses éloignées, il est tout naturel qu'on choisisse d'abord celle du Mont-du-Chat, car c'est une préoccupation aussi continuelle que celle causée par le Puy-de-Dôme à Clermont, le Pic de Sancy au Mont-Dore, ou le Mont-Blanc à Chamouny. Et puis, son origine, autant que son nom singulier de Mont-du-Chat, sont bien faits pour intriguer ; il faut convenir qu'on le serait à moins. Aussi, ont-ils mis en émoi les esprits les plus ingénieux, qui ont cherché, à travers mille conjectures plus spirituelles que concluantes, l'énigme de ce logogriphe de rochers. Selon nous, celle du savant Deluc, s'appuyant sur la description de Polybe, est la plus vraisemblable. Il prétend, contrairement à MM. Letronne, Whitaker, de Folard et autres, que c'est par le col du Mont-du-Chat que, 217 ans avant J.-C., Annibal entra dans les Alpes, pour pénétrer en Italie, à la tête d'une armée de 30,000 fantassins, 8,000 cavaliers et 30 éléphants, qui défirent les Allobroges qui voulaient s'opposer à son passage.

Les étymologistes n'ont pas, comme on le pense bien, laissé échapper cette belle occasion de raisonner sur le nom même du Chat. Selon les uns, cette montagne est ainsi appelée, parce qu'à en croire le révérend père Fodéré, le roi Arthus de Bretagne envoya en Savoie deux de ses plus prudents hommes d'armes, Berius et Mélianus, au commencement du sixième siècle, pour occire, à la plus grande joie des habitants, un tigre qui désolait la contrée ; et d'*un !*

Selon Rochex, ce nom provient du mot *Caturigus,* dérivé de celui des premiers peuples qui habitèrent l'Allobrogie, et appelés Caturiges; et de *deux !*

Enfin d'autres étymologistes plus fantastiques font dériver le mot chat de *catus, catulus,* qui veut dire (chien, petit chien) ; et de *trois !*

Après ce dernier trait vraiment adorable, il ne reste plus qu'à donner sa langue..... au Chat. C'est ce que nous faisons de la meilleure grâce du monde.

Quoi qu'il en soit, il paraît établi qu'une voie romaine, unissant la Gaule et l'Italie, passait jadis au-dessus du vieux château de Bordeau. Des ouvriers, en creusant la nouvelle route, y ont trouvé des médailles romaines, et on y découvrit une curieuse inscription latine qu'on peut lire actuellement dans la chapelle souterraine du Bourget.

MERCURIO AUGUSTO,
SACRUM T. TERENTIUS
CATULUS.
V. S. L. T.

Ce qui semble prouver qu'un temple avait été élevé à Mercure, sur cette montagne.

Le chemin le plus court pour faire cette ascension, qui est de deux heures, est par Bordeau, d'où l'on peut facilement rejoindre la grande route de Chambéry à Yenne. Le moment le plus favorable n'est point, à notre avis, le matin, mais bien dans l'après-midi, pour y voir le soleil couchant, car l'horizon y est toujours plus pur. Après avoir laissé au châlet ses montures, on gravit un sentier rapide qui, par moment, devient assez difficile, et, au risque de quelques glissades et de légères égratignures, on ne tarde pas d'arriver au sommet du rocher qui forme le pic. C'est alors que l'incomparable coup d'œil dont on jouit vous récompense, en un instant, de vos efforts; car ce n'est pas sans quelque sentiment de vertige, qu'on aperçoit le lac, la vallée de Chambéry, la vallée du Rhône, la Suisse, le Dauphiné et la chaîne étincelante du Mont-Blanc, avec leurs aspects si variés, confondus dans l'immense horizon que la dégradation des tons ménagés par le soleil couchant vient revêtir des teintes les plus riches et les plus capricieuses.

Les touristes, qu'une course de quatre heures ne fera pas reculer, iront certainement visiter la grotte de Banges, à laquelle on arrive en traversant le village de Grésy et la montagne de Cuzy, où l'on remarque le *Puits des pestiférés*, dans lequel les habitants de Cuzy ensevelirent en masse, en 1401, les victimes de la peste noire qui infesta alors ces contrées. Après avoir dépassé les *Gorges d'Enfer*, d'où le Chéran, qui roule des paillettes d'un or malheureusement moins productif que celui du Sacramento, bondit en flots écumants, s'élève bientôt la cime du mont Semnoz, non loin duquel s'ouvrent béantes les deux entrées de la grotte, dont l'une présente de belles proportions et conduit à une galerie de mesquine apparence, tandis que l'autre, plus écrasée, aboutit au contraire à une galerie beaucoup plus spacieuse. L'une et l'autre ne tardent pas à se fondre en une seule, qu'on ne saurait visiter qu'à l'aide d'un flambeau et du classique bâton ferré. Alors apparaissent, dans toute leur vigueur d'effets rembranesques, les parois des voûtes d'où semblent se balancer, comme des flèches oscillantes, les stalactites blanches appendues à leurs flancs, tandis que les sources de mille petits ruisseaux, scintillant sous la clarté de la flamme comme des lueurs phosphorescentes, s'échappent des entrailles mystérieuses de la montagne. C'est à travers cette bizarre mise en scène qu'apparaît l'eau du lac, noire comme celle du Tartare, sur laquelle luit brusquement la flamme des flambeaux, comme un éclair sur un ciel orageux. En présence de cette sinistre nappe d'eau qui n'a pas moins de 100 mètres de circonférence, l'esprit est tristement impressionné, malgré les détonnations des pétards et les planchettes munies de flambeaux allumés qu'on lance en brûlots sur le lac, pour mieux en apprécier les contours. C'est qu'il y a dans ce cataclysme de la nature quelque chose de monstrueux, d'anormal, qui étonne et frappe de stupeur. La cavité occupée par le lac a une élévation de voûte qui varie de 10 à 12 mètres, et la longueur totale de la galerie, jusqu'au bord de l'eau, est de 243 mètres environ.

Disons, en terminant, que l'eau du lac va se dégorger à 600 mètres, au midi, dans le Chéran, non loin du *Pont de l'eau morte*, et sur ce, courons respirer sous la voûte azurée du firmament, que celle de la grotte, si curieuse qu'elle soit, ne nous empêchait pas de désirer vivement revoir.

Raffort, del. Victor Petit, lith.

Hautecombe.

HAUTECOMBE.

> Tu peux sur le granit de tes funèbres dalles
> Étaler fièrement tes pompes sépulcrales,
> Les sublimes dormeurs de tes tombeaux noircis,
> Tes princes étendus sur leurs coussins durcis,
> Et tous les morts fameux dont la patrie altière
> Conserve avec respect l'éclatante poussière.
>
> Aug. BARBIER (*Lazare*).

Il n'est pas permis de venir à Aix sans visiter l'abbaye d'Hautecombe. Si un étranger était assez mal avisé pour commettre une pareille énormité, il devrait être dirigé sur le canton du Valais, pour y passer une saison avec les crétins qui l'habitent. Mais une pareille crainte est chimérique quand on connaît la procession continue de curieux qui se rendent chaque jour au célèbre monastère en bateaux plats ou pontés, voire même à la nage. Ce fut ce dernier moyen de transport qu'employèrent, il y a quelques années, un Anglais et un habitant de Grenoble dont le nom nous échappe. Nos deux champions voulant renouveler les prouesses de Léandre et de lord Byron, traversant le Bosphore, firent le pari d'aller à la nage du Grand-

Port à Hautecombe, et, chemin faisant, de manger un poulet arrosé de champagne. Ce qui fut dit fut fait; le poulet et le vin d'Aï furent absorbés au grand ébahissement des bateliers qui suivaient prudemment les deux antagonistes. Si Haydée ne reçut pas ces nouveaux Don Juans en abordant au rivage, ils n'en trouvèrent pas moins au couvent les soins les plus empressés.

Mais, *paulo majora canamus.*

L'abbaye d'Hautecombe, fondée en 1125 par Amédée III, est située du côté occidental du lac, sur une petite éminence dont le piédestal de rochers plonge à pic dans le lac. Un massif d'arbres séculaires, plantés entre la rive où l'on aborde et le monastère, cache une partie des bâtiments, au-dessus desquels surgissent le clocher et une tour octogone blanche et élancée comme celle des minarets, se mirant dans les flots bleus de la mer de Marmara.

Ainsi placée entre le silence du lac et le silence des bois, rien ne vient troubler les religieuses méditations de ses habitants qui, dans toute la placidité de leur âme aussi sereine que cette belle nature qui les entoure, peuvent adresser avec ferveur, au Tout-Puissant, des prières pour les illustres hôtes confiés à leur garde. Car Hautecombe est à la Savoie ce que l'Escurial et Saint-Denis sont à l'Espagne et à la France; c'est sous ses voûtes sacrées que, de temps immémorial, à peine interrompu par les orages de la Révolution, ont reposé les restes des princes de la vaillante maison de Savoie qui s'allia si souvent avec la maison de France.

Les religieux de l'ordre de Cîteaux qui desservent Hautecombe, fondée sur les instances de saint Bernard alors abbé de Clairvaux, sont sous la dépendance immédiate du général de l'ordre qui est à Rome, et non sous celle de l'archevêque de Chambéry. Ils s'adonnent principalement à la prédication comme les dominicains ; quelques-uns se livrent à l'étude de la botanique et composent, à l'aide des simples, des remèdes dont l'efficacité ne le cède en rien à ceux des Chartreux et des Carmes.

Il n'y a pas à Hautecombe d'abbé proprement dit qui soit de nomination royale, mais bien un supérieur nommé par le général de l'ordre ; ce poste est actuellement occupé par le révérend père dom Claude Curtet, et celui de procureur par dom Humbert Lacombe.

C'est de cette abbaye que sont sortis trois saints, deux papes, Célestin IV, élu en 1241, et Nicolas III, élu en 1277, puis une foule d'abbés devenus célèbres, que l'épiscopat et la pourpre romaine récompensèrent de leurs talents et de leurs vertus. Qu'il nous suffise de citer parmi eux :

Henri, qui fit une vigoureuse guerre de plume aux Albigeois, et auquel le pape Alexandre III conféra le titre de cardinal-évêque d'Albano.

Le cardinal *Alexandre Farnèse*, neveu du pape Paul III.

Le cardinal *de Saint-Georges*, qui vivait en 1546.

Le cardinal *de La Guiche*, évêque d'Agde, ambassadeur d'Henri II, empereur d'Allemagne.

Alphonse del Bene, évêque d'Alby, ami de saint François de Sales, auquel le roi conféra, en 1572, le titre de sénateur dont les abbés, ses successeurs, continuèrent à être honorés.

Bien qu'ayant un peu perdu de son antique splendeur, l'abbaye était encore florissante en 1792, à l'époque où les Français s'en emparèrent. En 1796, lorsque l'on vendit à l'encan l'abbaye et ses dépendances, les tombeaux furent brisés, et, si on respecta les cendres des illustres morts, il n'en fut pas de même des joyaux qui les accompagnaient.

Depuis, le monastère, transformé en une fabrique de faïence, ne fut plus que l'ombre de lui-même jusqu'en 1824, époque à laquelle le roi Charles-Félix, mû par un pieux sentiment, racheta à ses frais particuliers les bâtiments d'Hautecombe et leurs dépendances qu'il chargea son architecte, le chevalier Mélano, de restaurer.

Cet ingénieur, secondé par Benoît et Louis Cacciatore, les frères Vacca, Borione et autres artistes habiles, poussa si activement les travaux, qu'au mois d'août 1826 Charles-Félix et la reine Marie-Christine purent procéder à la nouvelle consécration de l'église.

Ces préliminaires historiques posés, nous allons, par un élégant portail du style gothique fleuri, entrer dans l'église à laquelle la chapelle, dite du roi ou des anciens évêques de Belley, sert de vestibule. On remarque sur l'autel de cette chapelle un groupe d'anges en marbre blanc plein de grâce et de finesse, dû au ciseau de Cacciatore de Milan. C'est à gauche, près de la porte, qu'est le tombeau, empreint de simplicité, du roi Charles-Félix. L'étendard des gardes du corps, planté à la tête du tombeau, nous plaît; cet emblème de fidélité, survivant à la mort, est une heureuse idée. Les pierres grises, dont les sombres nervures vont s'égarer dans les ornements, et les lettres d'or, ressortant sur le fond bleu des voûtes, sont d'un puissant effet.

En entrant dans la grande nef de l'église, l'impression qu'on éprouve est singulière; un esprit ascétique en serait quelque peu désillusionné s'il croyait y trouver l'aspect funèbre d'une crypte. Il n'y a là rien de semblable. A voir ces fioritures, ce luxe d'ornementation qui du pavé montent en festons, en arabesques au sommet des voûtes azurées, on devine le caractère italien, génie coquet et mondain, parlant plus aux sens qu'au cœur, et qui dissimule les tombes de ses morts sous des bouquets de fleurs.

Au milieu de cette nef, on remarque, à côté de la croix royale de Savoie, l'aigle de la famille du comte de Colobiano, ancien intendant du roi Charles-Félix, et chevalier d'honneur de l'ancienne reine. Parmi les tombeaux des princes qui vous apparaissent sous les mille formes différentes de statues, bas-reliefs, cariatides, anges et ornements de tout genre, les plus remarquables sont ceux de Louis Ier et de Jeanne de Montfort, son épouse ; de Pierre de Savoie, dit le *petit Charlemagne*, et d'Anne de Zehringen. Viennent ensuite ceux d'Amédée V, dit *le Grand;* d'Amédée VI, surnommé *le Comte Vert,* et d'Amédée VII, dit *le Comte Rouge;* d'Edouard, dit *le Libéral;* de Philippe Ier, dit *le Chasseur;* d'Humbert III, dit *le Saint;* d'Aymon et d'Yolande, sa femme; et derrière le maître-autel, celui de Boniface de Savoie, archevêque de Cantorbéry. Si vous demandez, tout ému : Où est donc le tombeau du roi Charles-Albert? On vous répond : Il est dans la royale basilique de la *Superga* près de Turin ; c'est là que reposent ses cendres à jamais vénérées, à côté des autres rois de Sardaigne, à l'exception de Charles-Félix.

Pour de plus grands détails historiques et descriptifs, nous renvoyons au remarquable travail de M. le sénateur baron Jacquemond sur Hautecombe, auquel nous avons fait quelques emprunts.

Derrière l'église est la chapelle de Saint-André dans laquelle on admire un tableau d'Ayrès de Savigliano. Avant de sortir de l'abbaye, jetez un coup d'œil sur ses beaux et fertiles jardins, ainsi que sur les restes précieux d'antiquités qui ont été retrouvés et placés dans une galerie, couverte par ordre du pieux Charles-Félix.

On remarque dans la salle d'audience du roi un reliquaire, œuvre curieuse d'un des Pères ; il renferme les reliques de saint Diodore ; puis, au milieu du plafond, Moïse recevant les Tables de la Loi.

Le complément indispensable de la visite à Hautecombe, c'est une station à la fontaine intermittente qui, en sa qualité de petite merveille, se croit le droit d'être aussi capricieuse que les enfants phénomènes âgés de cinq ans. On s'y rend en quelques minutes. Elles paraissent d'autant plus courtes que le chemin domine le lac, dont le transparent miroir reflète les hauteurs environnantes. Au fond, on aperçoit, perché pittoresquement sur un mamelon, le vieux château de Châtillon, sentinelle vigilante qui semble surveiller les abords du lac. En attendant, qu'il plaise à la fontaine de jaillir, ce qui quelquefois dure assez longtemps, on se repose sous le frais quinconce des magnifiques marronniers qui l'ombrage; on y boit, on y chante, on y danse même quelquefois. Mais un bruit sourd se fait entendre; l'eau s'échappe en écumant des flancs mystérieux du rocher qu'un Moïse invisible semble avoir frappé de sa baguette; les rondes, les quadrilles se rompent, on accourt vers le bassin de la fontaine qui se garnit, en un clin d'œil, de gracieuses jeunes femmes, charmantes Hébés, dont le sourire mille fois plus aimable que celui de Rébecca, vous engage à vous désaltérer.

Si, grâce à ces plaisirs et à ces jeux qui ressemblent quelque peu à un pastiche de Watteau, on quitte Hautecombe à la nuit, on peut y jouir d'un curieux spectacle. Ce fut ce qui nous arriva par une belle soirée d'été, au milieu du silence qui régnait triste et solennel sur le lac; une légère brume s'éleva en bizarres flocons au-dessus du monastère, on eût dit les ombres de tous ces illustres morts errantes autour de leur demeure funèbre. Peu à peu cette brume se dissipant laissa se refléter sur la surface tranquille du lac des myriades d'étoiles et la lune, dont la pâle figure échancrée apparaissait au-dessus du pic abrupte du Mont-du-Chat. L'eau était si calme, les effets de ce mirage si trompeurs, qu'il ne nous semblait plus voguer sur la plaine humide, mais dans les régions éthérées. Bercés par les célestes visions, enivrés du souvenir de tous ces preux hommes de guerre, de ces vaillantes épées qui avaient combattu dans les Croisades, nous entrevoyions déjà leurs figures gigantesques, au milieu des archanges et des séraphins, dont les lyres d'or nous apportaient les divines mélodies..... lorsque, ô fâcheux contre-temps ! une espèce de masse noire, lançant la flamme de son œil rougeâtre comme celui d'un cyclope, battant en cadence l'eau de ses nageoires, vint détruire nos belles illusions. Cette masse informe, que de loin nous avions prise pour quelque monstre marin, vue de plus près, n'était autre qu'une barque sombre et mystérieuse comme une gondole du Conseil des Dix en faction dans les lagunes. Nous hélâmes la silencieuse embarcation, mais comme elle était montée par des pêcheurs aux flambeaux, ils restèrent muets comme la tombe.

En arrivant au port de Puer, il n'y avait plus, comme bien on le pense, ni ânes, ni voitures ; force nous fut donc de regagner Aix pédestrement. Cette solitude ne ne nous déplut vraiment pas trop, car elle nous laissa quelques instants de plus avec nos souvenirs.

CHAMBÉRY.

Les deux heures qu'on emploie à se rendre d'Aix à Chambéry passent rapidement, car des deux côtés de la route s'éparpillent coquettement les sites les plus variés, les surprises les plus charmantes. Frais ombrages, dignes des bergers de Virgile, châteaux mélancoliquement assis sur le penchant des collines, pelouses parfumées où paissent d'heureux troupeaux assez mal gardés par des bergères chantant quelques naïves chansons : telle est la perpétuelle pastorale qui passe sous vos yeux. C'est à peine si elle est interrompue par les villages semés par-ci par-là ; le Vivier, Voglans et Drumettaz, où l'on a retrouvé des antiquités romaines, puis Sainte-Ombre, nommée aussi Chambéry-le-Vieux, et le château de Candie, près duquel s'élève une belle forêt de sapins, et d'où se découvrent les jolis villages de Lamotte et de Bissy. Mais voici Caramagne, la Cassine et Lémenc, dont l'église renferme les restes de Mme de Warens et du général de Boigne. Enfin, l'on descend à Chambéry dont les maisons grises, aux toits luisants encadrés de montagnes et de verdure, sont baignées par l'Aysse et l'Albane. Avant d'entrer dans cette antique capitale de la Savoie, disons quelques mots de son histoire, depuis le douzième siècle, époque à laquelle son origine apparaît dégagée de traditions plus ou moins fabuleuses, dans lesquelles Noë et ses fils jouent des rôles fort compromettants.

Peu de villes ont été soumises à autant de tribulations : pestes, incendies, inondations, invasions étrangères, rien ne lui a été épargné, depuis Amédée V, dit le Grand, qui vint y fixer sa résidence, après avoir acheté le château de Chambéry en 828, jusqu'à nos jours. Elle dut à Amédée VI, dit le Comte-Vert, à cause de la couleur prise par lui dans les tournois où il brillait par sa grâce et son adresse, d'être entourée d'une enceinte terminée en 1441, et à son premier duc, Amédée VIII, d'être, en 1416, le séjour d'une cour brillante empressée de fêter l'empereur Sigismond.

Ce fut ce duc, devenu plus tard pape, sous le nom de Félix V, qui fit construire la Sainte-Chapelle dans laquelle fut déposé le saint Suaire donné, en 1452, par la fille de Godefroi de Bouillon, à Anne de Chypre, femme du duc Louis. Il y resta jusqu'en 1598, époque à laquelle il fut transféré à Turin où il est encore actuellement.

Chambéry tomba tour à tour au pouvoir de François Ier en 1536; en 1600, sous celui de Henri IV, puis de Louis XIII et de Louis XIV, jusqu'au traité d'Utrecht en 1713. Les Espagnols s'en emparèrent à leur tour en 1742; puis la France, en s'annexant la Savoie, en fit le chef-lieu du département du Mont-Blanc. Enfin, par les traités de 1815, il rentra sous le pouvoir de la maison de Savoie.

La tradition des tournois du moyen âge, et notamment des tirs à l'arquebuse où l'on tirait sur un oiseau de carton appelé *papegeai*, a survécu à tous ces orages; car, l'année passée, la visite que firent à Chambéry le roi, la reine, les princes et les princesses du sang, fut signalée par une fête de ce genre, donnée par les chevaliers tireurs. Les galantes coutumes renouvelées de Victor-Amédée Ier ne furent point négligées, et le roi du tir, M. A. de Savoiroux, après avoir reçu de S. M. la reine Adélaïde l'écharpe, prix du vainqueur, choisit lui-même pour sa reine une jeune et belle personne, Mlle Laure d'Avernioz.

De l'histoire, passons à la topographie. Chambéry, situé à 270 mètres au-dessus du niveau de la mer, traversé par quatre grandes routes aboutissant à Belley, le Pont-de-Beauvoisin, Genève et Turin, à 148 lieues sud-est de Paris, est certainement, eu égard à l'importance de la population qui est de 17,000 âmes, une des villes les mieux partagées sous le rapport des monuments, des promenades et surtout des innombrables institutions religieuses et de bienfaisance qu'on y trouve à chaque pas.

Indépendamment de la cathédrale, du musée très-riche en médailles romaines, de l'église Notre-Dame, où l'on voit un Christ attribué à Van-Dyck, du théâtre, qui est vraiment remarquable, et dont le rideau et les décorations sont des frères Vacca, l'étranger visite avec intérêt les belles promenades du Verney, ombragées d'épais tilleuls, le Grand Jardin et les restes pittoresques du vieux château royal incendié deux fois, dont la Sainte-Chapelle, la tour de la trésorerie et une autre tour, restent seules debout.

De tous les monuments de Chambéry, il n'en est pas un qui exciterait autant l'enthousiasme du gamin de Paris qui a ouï parler de l'éléphant en bois de la Bastille, que la fontaine du général de Boigne. C'est une véritable énigme que ce quatuor d'éléphants qui, la tête baissée, versent, avec une patience angélique, l'eau de la fontaine. Ils seraient bien plus intéressants, s'ils proclamaient à son de trompe l'inépuisable générosité de leur ancien maître, qui, revenu des Indes dans son pays natal, où il mourut en 1830, lui fit don d'une partie des millions qu'il avait rapportés d'Asie.

Il est fâcheux que les proportions de cette fontaine soient aussi peu harmonieuses. Sur la face qui regarde la jolie rue des Portiques ou de Boigne, qui rappelle la rue Castiglione, on lit cette inscription :

BENEDICTO DE BOIGNE
CAMBERIENSI,
GRATA CIVITAS.
M. DCCC XXXVIII.

On trouve, en sortant de la ville, la belle propriété du *Buisson-Rond* dont les magnifiques massifs d'ombrages habilement entrelacées de belles allées, forment une charmante villa appartenant au fils du général de Boigne. Du belvéder de son kiosque élégant, construit par ce propriétaire, on jouit d'une vue délicieuse sur la ville et ses environs.

Les pépinières de M. Burdin, les fabriques de gazes et de papiers peints peuvent encore captiver l'attention du touriste impatient de visiter les curiosités de tout genre qui pullulent autour de Chambéry. Sa première visite, on le croira sans peine, est invariablement pour les Charmettes, à l'heureux voisinage desquelles Chambéry est redevable de cette foule d'étrangers qui, six mois durant, s'acheminent vers ses murs.

LES CHARMETTES.

« L'homme n'anime pas seulement l'homme, « il anime toute une nature ; il emporte une im- « mortalité avec lui dans le ciel, il en laisse une « autre dans les lieux qu'il a consacrés. En cher- « chant sa trace, on la retrouve et l'on converse « réellement avec lui. »

LAMARTINE (*Raphaël*).

Cet empressement se comprend merveilleusement bien, car tous les cœurs aimants, toutes les âmes pour lesquelles les tendres émotions ont conservé un parfum de jeunesse et de poésie, courent aux Charmettes, non point pour y chercher un beau site ou une de ces excentricités naturelles si communes dans la zone des Alpes, mais pour s'initier au charme paisible de cette humble retraite, pour s'égarer dans ce jardin témoin des amours de Jean-Jacques Rousseau et de madame de Warens. Ombre d'un grand homme, souvenir encore palpitant d'une grande passion payée d'une grande ingratitude, l'intérêt que vous inspirez parle cent fois plus au cœur que les monuments les plus pompeux !

Pour se rendre à cette solitude où madame de Warens ouvrit à Rousseau, encore enfant, les premières pages de ce divin roman qu'on nomme l'Amour, on s'engage dans une petite gorge où l'on gravit un étroit sentier après avoir dépassé un groupe de maisons appelé le *Bocage*. Perdu dans nos rêveries, la tête encore pleine du VIe livre des *Confessions*, nous suivions solitairement et un peu à l'aventure, protégé par l'ombre des acacias en fleurs, le ruisseau dont l'inépuisable babil vous tient compagnie, lorsque nous avisâmes un jeune garçon faisant des exercices de voltige sur un ânon qui se prêtait avec une patience merveilleuse à ces ébats. Nous approcher de ce Franconi en herbe, lui demander si la maison grise que nous voyions à droite était la demeure de Rousseau, fut l'affaire d'un instant. Est-ce chez M. Jean-Jacques que vous allez? — Certainement, répondîmes-nous, fort étonnés de la distinction insidieuse posée par ce jeune Allobroge. — Eh! bien, alors, vous n'avez qu'à monter encore un instant, et quand vous arriverez vers un petit bouquet de jeunes sapins, près d'un ancien four à chaux, vous serez en face de la maison.

En effet, quelques minutes après nous arrivions devant la maison des Charmettes, facile à reconnaître à l'inscription suivante, qu'y fit graver en 1792 Hérault de Séchelles, alors commissaire de la Convention en Savoie :

> Réduit par Jean-Jacques habité,
> Tu me rappelles son génie,
> Sa solitude, sa fierté,
> Et ses malheurs et sa folie.
> A la gloire, à la vérité,
> Il osa consacrer sa vie,
> Et fut toujours persécuté,
> Ou par lui-même ou par l'envie.

C'est aujourd'hui un carré long de pierres grises, percé de quelques fenêtres, que recouvre un toit rapide d'ardoises. Une bonne fermière, assise sur la terrasse élevée contre la maison de ce côté, nous introduisit d'abord dans la salle à manger qui, originairement, servait de cuisine. Elle est d'une extrême simplicité ; quelques tableaux médiocres se détachent d'un papier champêtre. C'est d'abord le portrait de J.-J. Rousseau, représenté debout, la main appuyée sur son *Contrat social*, placé sur une table avec cette devise : *Vitam impendere vero*. Que ce portrait trouvé dans la maison par son propriétaire actuel, M. le professeur Raymond, présente un petit anachronisme ; qu'il ait été peint d'après nature ou d'après d'anciennes gravures, peu importe, ce n'en est pas moins, au point de vue de l'art, une détestable chose. Nous voudrions, ne fût-ce que par politesse, faire quelque compliment au prétendu portrait de Mme de Warens, qui, s'il était ressemblant, nous ferait presque comprendre l'ingratitude de Rousseau ; mais, Dieu merci, pour l'honneur des peintres gracieux du règne de Louis XV, cette Omphale enfumée, aux pieds de laquelle se prosterne un Hercule d'une maigre apparence, n'a jamais rien eu de commun avec Mme de Warens ; c'est tout au plus un mauvais pastiche des peintures allégoriques de l'école de Lebrun.

Il y a dans cette pièce quelque chose de bien autrement amusant, nous voulons parler du livre sur lequel les visiteurs inscrivent leurs pensées ou leurs noms. C'est un salmigondis d'éloges outrés ou d'injures grossières écrites en plusieurs langues, notamment en mauvais français et en orthographe plus mauvaise encore ; c'est ce qui a dû inspirer cette réflexion à l'un d'eux :

« Que tu dois rire, Jean-Jacques, de tes admirateurs ! — 2 juin 1850. — B.....

De piquantes annotations enrichissent parfois ce curieux répertoire.

« Tu manques au monde qui renaît au souffle de « la démocratie. »

Et en marge : « Quel truc ! » (Un Démoc. soc.)

Voici maintenant un échantillon de souvenir enfantin; nous le transcrivons dans toute sa naïveté grammaticale :

Le jour de la St.-Joseph, une jeune fille de 12 ans est venu visiter Jean-Jaque Rouceau, étant accompagné de tout sa famamille. 1850.

A-t-elle appris l'orthographe ? A cette question, tout le monde répondra hardiment, non.

Nous en passons, et des meilleures.

(*Nota bene.*) Tandis que les louanges sont ornées pompeusement des noms et même des adresses de leurs auteurs (affranchir), les injures sont, en général, suivies de signatures illisibles. Nous méprisons fort, pour notre part, ces insulteurs anonymes qui n'ont pas même le courage de leur opinion.

Dans le salon contigu à la salle à manger, on peut s'exercer sur une épinette, que l'on assure avoir appartenu à Rousseau. L'âge vénérable de ce clavecin peut rendre cette supposition admissible ; qui sait si ce n'est pas sur ce modeste clavier qu'il a composé son *Devin du Village?* Ce n'est pas tout. Voyez, suspendue à un clou, cette grosse montre en argent, épaisse comme une montre turque, dont le cadran argenté porte cette inscription : *Jean Rousseau* (Ce qui, par parenthèse, s'applique aussi bien à Jean-Baptiste qu'à Jean-Jacques). Mais elle n'en serait pas moins historique, et elle tentera certainement tôt ou tard quelque riche amateur. Malheureusement, les concierges du château de Ferney ont gâté le métier; on se souvient trop des cannes et des tabatières de M. de Voltaire, qui, sous le rapport de l'authenticité, sont tombées bien au-dessous des morceaux de la vraie croix.

La chambre qu'occupait J.-J. Rousseau est située au premier étage, précisément au-dessus du vestibule, tandis que celle de Mme de Warens donnait sur le jardin oblong, à l'extrémité septentrionale duquel la charmante pécheresse avait placé ses abeilles.

Telle est, aujourd'hui, cette solitude que Rousseau regretta toujours, à Venise comme à Paris, et après laquelle il soupira souvent, au milieu du tourbillon de sa vie si inégale et si agitée.

Ce fut vers la fin de l'été 1736, qu'ils en prirent possession.

« J'étais, dit-il, dans ses *Confessions*, transporté, le premier jour que nous y couchâmes. O maman, dis-je à cette chère amie, en l'embrassant et l'inondant de larmes d'attendrissement et de joie, ce séjour est celui du bonheur et de l'innocence; si nous ne le trouvons pas ici, il ne faut le chercher nulle part.....

« Je me levais tous les matins, avant le soleil; je montais par un verger voisin, dans un très-joli chemin qui était au-dessus de la vigne, et suivait la côte jusqu'à Chambéry. Là, tout en me promenant, je faisais ma prière qui ne consistait pas en un vain balbutiement des lèvres, mais dans une sincère élévation de cœur, à l'auteur de cette aimable nature dont les beautés étaient sous mes yeux. »

C'est ce chemin décrit par Jean-Jacques, qu'il faut prendre pour retourner à Chambéry, de manière à visiter la fontaine Saint-Martin. C'est véritablement de ce point qu'apparaît, dans toute sa magnificence et sa fraîcheur, le panorama de la vallée de Chambéry, comparée par Châteaubriand à celle du Taygète. Non-seulement le regard y plonge sur la ville, dont les toits étincelants, les édifices et les promenades sont d'un effet original, mais encore sur cette pléïade de villas, de châteaux et de villages, parsemée de verdure et entourée de montagnes pittoresques que l'œil bleu du lac semble contempler avec amour.

LE CHATEAU DE LA MOTTE. — LA DENT-DE-NIVOLET. — LES CASCADES DU BOUT-DU-MONDE, DE JACOB ET DE COUZ. — LES EAUX DE CHALLES. — LES ABIMES DE MYANS. — LES CHATEAUX DE MONTMAYEUR ET DE MIOLANS.

Le château de la Motte, situé à trois quarts de lieue de Chambéry, tranche agréablement sur les vieux manoirs à la mine renfrognée, qui semblent bouder au milieu de cette nature si coquette qui leur sourit. C'est une construction moderne pour laquelle son heureux propriétaire, M. le marquis Léon Costa de Beauregard, l'un des hommes les plus distingués de la Savoie, par sa naissance, ses talents et son inépuisable bienfaisance, a dépensé au moins autant de goût que d'argent. Ici plus de tourelles, plus de créneaux, plus de ponts-levis, mais une grande et belle maison, à l'air bien digne et bien calme, bâtie au milieu des magnifiques ombrages d'un parc dont l'habile disposition ferait envie à nos modernes Lenôtres. On y remarque surtout un beau cèdre du Liban et un Magnolier en pleine terre. Une foule d'arbres exotiques, dont les feuillages et les fleurs, d'aspects si différents, luttent avec les capricieux ruisseaux et l'émeraude des pelouses, pour faire de cette demeure un séjour enchanté.

L'intérieur est, en tout point, digne de l'extérieur : splendides salons, riches tentures, ameublements artistiques, collections d'histoire naturelle, de bronzes antiques et de beaux tableaux, parmi lesquels on remarque des marines de Joseph Vernet, et un très-beau Jean Steen, représentant Moïse foulant aux pieds la couronne de Pharaon. Tout concourt à faire de cette résidence d'été, une demeure vraiment princière. Aussi, a-t-elle dû être enviée par les rois et les princes, qui y ont plusieurs fois reçu une somptueuse hospitalité. Une très-belle chapelle dans le genre gothique, des écuries et des remises qu'ambitionnerait un sportsman, complètent cette villa, autour de laquelle M. le marquis Costa ne s'est pas seulement plu à répandre le luxe, mais encore d'innombrables bienfaits. Ici, c'est une école primaire pour les jeunes filles, là un hospice pour les pauvres malades, puis le pensionnat de la Motte-Servolex, dirigé par les frères des écoles chrétiennes, qui compte un très-grand nombre d'élèves.

Tel est le noble usage que fait de sa fortune ce grand seigneur, dont la maison est toujours ouverte à tout venant, riche ou pauvre. Aussi, ne doit-on pas s'étonner si son nom est béni dans toute la Savoie, dont il est une des gloires.

Tout en nous acheminant vers la cascade du Bout-du-Monde, qui n'est pas aussi éloignée de Chambéry que son nom pourrait le faire supposer, nous vous dirons quelques mots du mont Nivolet, dont la dent, chargée de neige une partie de l'année, apparaît alors blanche (ce n'est point une réclame, au moins), comme une osanore de Williams Roger. Selon une tradition populaire, on prétend que c'est sur cette montagne que s'est arrêtée l'arche de Noé, après le déluge, malgré son élévation de 1438 mètres au-dessus du niveau de la mer. Nous serions curieux de savoir ce que le mont Ararath pense de cette absurdité qui ressemble beaucoup à un canard. Quoi qu'il en soit, c'est un but de promenade pour bon nombre d'habitants de Chambéry qui vont, l'été, y faire une ascension pour y jouir, au lever du soleil, de la vue de Lyon, du Bugey, du Dauphiné, de la Bresse et même de la Bourgogne.

En côtoyant les rives torrentueuses de l'Aisse, on arrive bientôt vers sa jonction avec la Doria, où un Vivarais, nommé Claude Rosset, fonda, en 1740, la papeterie aujourd'hui très-importante dans laquelle on entre pour voir la cascade. Alors, un spectacle vraiment saisissant s'offre aux regards : Du haut des montagnes infranchissables de Chaffardon et de Nivolet, dont les pics séculaires se dressent brutalement à cent pas de vous, comme pour vous barrer à la fois l'horizon et le chemin, la Doria se précipite avec un fracas épouvantable dans l'abîme qu'elle s'est creusé. En présence de ce terrible interlocuteur, dont la voix mugissante couvre toute voix humaine, la conversation cesse pour faire place au silence inspiré par la vue de ce sombre amphithéâtre, où se joue depuis des siècles, sans relâche ni indispositions possibles, ce grand drame de la nature.

Cette cascade n'est pas la seule qui orne les environs de Chambéry, car on peut encore aller voir par la route de Lyon, indépendamment des cascades de Jacob, d'où l'œil embrasse, au milieu d'une charmante vallée, le village de Cognin et une foule de points de vue agrestes ou sauvages dont nos modernes Ruysdaël feront leur profit, la cascade de Couz, trop vantée, à notre avis, par J.-J. Rousseau. Elle est située sur la route même de Lyon, à une heure et quart de Chambéry, et se jette dans l'Yère, qui fait mouvoir une foule d'usines.

Des prismes de rochers suspendus sur vos têtes, la précèdent de quelques pas. A mesure qu'on approche, l'aspect sous lequel on la voyait d'abord, se modifie; les zigzags qu'elle décrivait dans la partie supérieure, disparaissent bientôt, lorsqu'on est en face; ses flots tombent en flocons d'écume irisée, assez semblables par un effet du soleil, aux fusées romaines, lorsqu'elles éclatent dans les airs, en gerbes lumineuses.

Pour peu qu'on fasse une excursion sur la route de Montmélian, ancienne petite ville renommée par ses bons vins et son ancien fort, on ne peut se dispenser d'entrer dans le pittoresque château de Challes; on s'y arrêterait, ne fût-ce que pour y goûter, par simple curiosité, quelques gouttes de cette eau sulfureuse de Challes, dont les vertus énergiques sont vivement appréciées aujourd'hui.

Une catastrophe épouvantable, arrivée dans la fatale nuit du 25 novembre 1248, a produit les abîmes de Myans. Une partie de la montagne de Grenier, qui n'a pas moins de 1,900 mètres au-dessus du niveau de la mer, se détacha et ensevelit dans son éboulement une petite ville de 2,000 âmes, appelée Saint-André. Cinq paroisses voisines subirent le même sort; il n'y eut d'épargné qu'une chapelle qui a ainsi acquis dans toute la contrée une grande réputation de dévotion. A voir aujourd'hui les collines de Myans couvertes de vignes et entrecoupées de petits étangs, on serait loin de se douter de leur lugubre origine.

Une visite aux tours de l'ancien château féodal de

Chignin, qu'on aperçoit à gauche, sur une éminence, près du petit village de Saint-Jeoire, pourrait bien clore les promenades de ce côté de Chambéry, mais nous croyons devoir signaler à l'attention du touriste, quoique assez éloignées, les ruines des châteaux de Montmayeur et de Miolans, célèbres par leurs souvenirs historiques.

Voici le drame judiciaire qui se rattache au château de Montmayeur, dont on voit les deux vieilles tours sur le mont Raillant :

Jacques Montmayeur, dernier seigneur de ce nom, alors grand-maréchal de Savoie et chevalier de l'ordre du Collier, attribuant à Guigues de Feisigny, premier président du Conseil suprême de Savoie, la perte d'un procès important, attira ce dernier dans son château d'Apremont, où il le fit arrêter au mois de janvier 1465.

Le duc Amédée IX fit en vain réclamer à Montmayeur le trop confiant président, qui, condamné à mort par des juges vendus, eut la tête tranchée au mois de février suivant, dans la cour même du château d'Apremont. Montmayeur qui, après cette horrible vengeance, avait pris la fuite, fut, après maints incidents de procédure, condamné définitivement, le 23 juin 1486, par le Conseil suprême de justice, à la confiscation de tous ses biens et, en outre, à une amende de 500 écus d'or. Depuis lors, on ne revit plus Montmayeur, dont les biens furent transmis, en 1489, à la noble maison de Miolans.

Le château de Miolans, dont les ruines s'élèvent sur la montagne de Fréterive, non loin de Saint-Pierre-d'Albigny, fut témoin d'une triste captivité dont la victime excita l'intérêt populaire. Le comte de Stertillan, auquel le roi Charles-Emmanuel III avait eu le malheur de confier le ministère des finances, eut la coupable pensée de vouloir augmenter faussement les ressources de son département. Il s'adressa à un jeune homme nommé Lavin, employé à son secrétariat, qui, à ses nombreux talents, joignait celui de contrefaire, à s'y méprendre, toute espèce d'écritures et de signatures. Lavin refusa d'abord; mais, persuadé adroitement par le comte que le roi consentait à cette falsification, il fabriqua sans crainte de faux billets d'Etat.

La fraude fut bientôt découverte, et Lavin n'eut que le temps de s'enfuir à Paris, d'où le roi, ayant obtenu son extradition, le fit enfermer à Miolans, en 1762. Il avait alors vingt-cinq ans ; ses malheurs, ses talents, intéressèrent en sa faveur ; mais tout ce qu'on put obtenir, ce fut, après vingt-deux ans de captivité, de le faire transférer à Cève, où il mourut deux ans après.

Le comte de Stertillan, le perfide instigateur du crime, fut aussi enfermé, dit-on, dans un autre château fort.

Les seigneurs de Miolans étaient non moins violents que ceux de la maison de Montmayeur, dont ils étaient parents. Qu'il nous suffise de citer pour exemple Aimon II de Miolans, évêque de Maurienne, que ses ouailles exaspérées chassèrent à deux reprises de son palais, après avoir brûlé l'église Saint-Jean.

LA GRANDE-CHARTREUSE.

> Ici viennent mourir les derniers bruits du monde,
> Nautonniers sans étoile, abordez, c'est le port,
> Ici l'âme se plonge en une paix profonde,
> Et cette paix n'est pas la mort.
>
> LAMARTINE. (*Méditations.*)

La Grande-Chartreuse est un but d'excursion non moins indispensable que la promenade à Hautecombe; aussi est-elle devenue classique. Deux jours suffisent pour l'aller et le retour, et Dieu sait si ces deux jours sont bien employés.

Après avoir dépassé Chambéry et Saint-Thibault, on arrive par un chemin merveilleusement accidenté au passage des Echelles long de 308 mètres, que Napoléon fit tailler dans le roc, pour rendre plus faciles les communications entre la France et la Savoie. Ce beau travail, dont l'inauguration eut lieu en présence de la reine Hortense, tout remarquable qu'il soit, a perdu quelque peu de son prestige, lorsqu'on le compare aux tunnels percés récemment pour les chemins de fer.

A l'entrée de cette grotte, on remarque l'ouverture de l'ancienne caverne par laquelle on traversait jadis la montagne avec beaucoup de peine, car on était obligé de grimper et de redescendre à l'aide d'échelles, un mamelon intérieur de près de cent pieds, pour arriver au bourg situé au-dessous dans la vallée, et qui a tiré son nom de ces échelles.

La nécessité d'une voie plus commode s'était fait sentir depuis longtemps. En 1670, Charles-Emmanuel II avait déjà fait établir une route à côté de cette caverne, ainsi que l'atteste une inscription latine placée sur le monument élevé en mémoire de cette utile entreprise ; mais cette route a été délaissée, on le conçoit, depuis le percement de la galerie pratiquée par Napoléon, qui ne fut définitivement achevée qu'en 1824, par les soins du roi Victor-Emmanuel.

C'est dans ce défilé, nouveau passage des Thermopyles, que 80 soldats français, n'écoutant que leur courage, s'immortalisèrent en 1814, en barrant le chemin à l'armée autrichienne qui, grâce à leur héroïque résistance, fut forcée de passer par-dessus la montagne.

Des Echelles par où l'on rentre en France, les voitures vous conduisent encore jusqu'à Saint-Laurent-du-Pont, où les guides et les mulets leur succèdent.

On chemine d'abord facilement par une route, dont l'aspect riant s'assombrit complétement après trois quarts d'heure de marche, lorsqu'on arrive à Fourvoierie. Là une ouverture cintrée, pratiquée entre des rochers à pics et le Guiers-Mort, dont les flots impatients animent une foule d'usines, vous introduit dans l'entrée du désert. Après s'être égaré pendant une heure, au milieu des rochers et des forêts de mélèzes et de gigantesques sapins qui s'élancent dans l'air comme de verdoyants obélisques, la route qui, jusque-là, a cotoyé la rive gauche du Guiers-Mort, passe par le pont Pérant sur la rive droite. Alors l'intérêt va *crescendo;* on passe sous la seconde porte du désert, d'où l'on aperçoit les ruines du château de l'Oreillette, construit, dit-on, pour s'opposer aux excursions du fameux Mandrin. Bientôt on atteint une plate-forme ornée d'une croix d'où l'œil plonge sur les bâtiments de la Courrerie, dépendance de la Grande-Chartreuse, dont on ne tarde pas à apercevoir à travers une clairière, la sombre silhouette.

Il est difficile de se figurer, à moins de l'avoir vu, le lugubre aspect de ces immenses bâtiments aux lignes sévères, aux teintes mélancoliques dramatiquement encadrées, comme un paysage de Salvator, dans l'éternel rempart de ses rochers et de ses arbres séculaires déchirés par la foudre, dont le mugissement des torrents ou le cri rauque des aigles viennent seuls troubler la triste harmonie. Si reculée qu'elle soit des vaines passions du monde, cette célèbre retraite, fondée par saint Bruno en 1084, déjà soumise aux inclémences du climat, n'en a pas moins été souvent en butte à de nombreuses vicissitudes et aux fureurs des partis.

Ainsi, en 1133, le monastère, bâti primitivement au pied du Grand-Pont, au point extrême du défilé, fut renversé par une avalanche. Une chapelle consacrée à la vierge Marie échappa seule à cette catastrophe. L'édifice, rebâti depuis sur l'emplacement même occupé par les bâtiments actuels, devint huit fois la proie des flammes. Pour comble de malheur, les huguenots le pillèrent, puis y mirent aussi le feu en 1582. Enfin, après le dernier incendie, Dom Innocent Lemasson, alors général de l'Ordre, le fit reconstruire en 1676, tel qu'on le voit aujourd'hui.

Les Chartreux, dispersés lors de la Révolution de 93, ne purent rentrer qu'en 1816 dans leur ancienne demeure ; mais on en avait détaché les riches dépendances au profit de l'Etat.

L'ensemble de l'édifice consiste en deux corps principaux de bâtiments symétriques et clos de murs. Le plus grand contient les salles où couchent les voyageurs, la pharmacie, la bibliothèque la chapelle, le logement du supérieur général, et au milieu l'église.

On remarque dans la salle capitulaire une série de tableaux représentant les principaux événements de la vie de saint Bruno, et les portraits des généraux de l'Ordre, depuis sa fondation.

Les religieux ont la tête rasée, et sont tous vêtus d'une robe de laine blanche, à capuchon, qu'une corde retient à la taille. Ils mangent ordinairement seuls, excepté le dimanche et les jours de grande fête.

C'est dans cette solitude, entre les travaux du corps et de l'esprit, que des hommes, dont plusieurs ont connu les jouissances et les plaisirs du luxe, viennent passer leur vie dans le silence, jeunant la plus grande partie de l'année, se privant d'aliments gras, et couchant sur la paille. Mais tels sont, sur ces cœurs remplis de ferveur, l'empire de la religion et l'ardeur de la foi, qu'ils trouvent sous ces froides voûtes, dans cette discipline si rigoureuse, un charme consolateur. Qu'ils sont beaux ces pieux cénobites, lorsque après s'être prosternés au pied de l'autel, ils viennent au milieu de la nuit, implorer le Seigneur ! Qui pourrait redire l'effet que produit dans l'église, à peine éclairée par de rares flambeaux, l'hymne sainte chantée à l'unisson par ces voix mâles, en magnifique choral, dont les accents, montant vers l'Eternel, remuent cent fois plus le cœur, dans leur énergie primitive, que les mélodies prétentieuses de tous nos maîtres de chapelle.

L'entrée de cette Thébaïde, par cela même qu'elle est interdite aux femmes obligées de rester dans le bâtiment extérieur de l'infirmerie, converti pour leur usage en hôtel, excite d'autant plus vivement leur envie d'y pénétrer. La nature si excentrique qui les entoure, la curieuse chapelle de Saint-Bruno qui domine la Chartreuse, les moelleux gazons, les fraises et les fleurs parfumées qui s'épanouissent dans ce coin du Grésivaudan, ne leur suffisent pas. Pour goûter à ce fruit défendu, il n'est sorte de ruses et de supercheries qu'elles n'emploient, mais c'est en vain. Nous connaissons une de nos plus jolies actrices parisiennes, qui, malgré son talent pour se grimer et se déguiser, en a été quitte pour ses frais d'imaginative. Cette mésaventure, qui a eu quelque retentissement, arrêtera-t-elle les femmes du monde ; il ne faut pas s'y fier : il y a parmi elles de si grandes comédiennes!

ANNECY. — CHAMOUNY. — EVIAN.

La plus longue, mais aussi la plus belle excursion que l'on puisse faire pendant la saison des bains, est, sans contredit, celle de Chamouny, en passant par Annecy, Bonneville, Cluse et Sallanches, et en revenant par Martigny, Evian, Lausanne et Genève. Cette course, qui offre une série d'admirables contrastes de beautés sans pareilles, peut s'accomplir facilement dans une période de six à huit jours, au plus. L'indiquer est donc un bon conseil dont nous sauront certainement gré les touristes qui voudront le suivre.

Bien que la ville d'Annecy ne soit, par sa population et son importance, que la seconde de la Savoie, elle en est certainement la première, grâce à la charmante position dont elle s'est emparée aux bords de son joli lac abrité par de hautes montagnes, aux alentours duquel de riantes villas s'épanouissent sous son beau ciel bleu comme celui d'Italie.

Annecy, dont l'origine se perd dans la nuit des temps

mythologiques, atteignit son plus haut degré de splendeur sous la domination des Romains qui en avaient fait une de leurs stations militaires; puis il devint, après bien des secousses, la résidence des comtes de Genève. L'ancien château fort, dont on voit encore les tours dans l'intérieur de la ville, est leur œuvre; il devint plus tard la demeure des ducs de Nemours.

Ces titres ne sont pas les seuls qui recommandent Annecy à l'attention du voyageur; car cette ville, dans laquelle Mme de Warens accueillit J.-J. Rousseau, est la patrie de saint François de Sales, évêque d'Annecy, ce modèle de charité et d'humilité chrétiennes qui, pour rester fidèle à son pauvre troupeau, refusa le chapeau de cardinal que lui offrit le pape Léon II. On peut voir, dans l'église de la Visitation, les reliques du saint évêque et celles de sainte de Chantal, enfermées dans des châsses de vermeil. Chaque année, les fidèles accourent en foule, pour se prosterner devant ces restes vénérés, le jour de la fête de saint François de Sales.

Une autre illustration du même genre a aussi pris naissance en 933, dans le château de Menthon, à deux lieues d'Annecy, sur les bords du lac; nous voulons parler de saint Bernard de Menthon, issu d'une des plus nobles familles de la Savoie, que sa vocation entraîna vers l'état monastique, malgré l'autorité paternelle. Ce fervent apôtre de dévouement convertit au christianisme les populations à demi sauvages qui habitaient, à cette époque, les régions élevées des Alpes, où il fonda les hospices devenus depuis si célèbres, sous les noms du grand et du petit Saint-Bernard.

C'est aussi près d'Annecy, à Talloire, que naquit en 1756, le fameux chimiste Berthollet dont une statue en bronze a été placée sur la promenade. Avant de quitter la ville, les amateurs de chevaux visiteront certainement le magnifique haras qu'on y a établi depuis quelques années.

Le pont suspendu de la Caille, jeté par Charles-Albert, sur la route de Chambéry à Genève, entre deux montagnes, avec une hardiesse digne des ponts de Fribourg et de Saint-Claude, est situé non loin d'Annecy.

De Bonneville, capitale du Faucigny, où l'on remarque une statue du roi Charles-Félix, érigée en honneur des travaux qu'il fit pour contenir la torrentueuse rivière de l'Arve qui descend de Chamouny, on arrive bientôt à Cluses.

Si jusqu'à présent, nous n'avons pas parlé de la physionomie accidentée de la route déjà parcourue depuis Aix, non plus que du Mont-Blanc, qui s'offre à la vue, pour la première fois, du sommet de la montagne qui précède le village de la Roche, où les chars-à-bancs de côté remplacent les messageries ; c'est que ce n'est réellement que de Cluses que commence l'incroyable paysage qui conduit à Chamouny.

Traversé par la rivière de l'Arve, étranglé par deux montagnes qui lui servent de fortifications naturelles, Cluses est la clef qui peut ouvrir ou fermer, à son gré, l'entrée de cette étrange vallée qui, à Maglans, grâce à ses fins gazons, à ses délicieux bosquets entrecoupés de ruisseaux, ressemble à une pastorale de Gessner, mais qui de Sallanches élégamment ressuscité, prend un caractère plus sérieux. C'est de cette petite ville, séparée du village de Saint-Martin, par une courte promenade, que l'on admire avec quelques détails, une partie de la chaîne du Mont-Blanc, dont les dômes gigantesques se dressent à l'horizon.

Au lieu de continuer directement la route que côtoie le cours impétueux de l'Arve, on peut, en faisant un léger coude, visiter les bains de Saint-Gervais, situés au fond d'un entonnoir hérissé d'arbres.

Derrière l'établissement, au milieu de rochers encadrés de sapins, jaillit, à grand fracas, la cascade de Saint-Gervais qui rappelle, en petit, la belle cascade du Giesbach, dans l'Oberland bernois.

Avant d'arriver à Servoz où l'on ne rencontre pas sans étonnement un cabinet d'histoire naturelle, on traverse le village de Chède. Il existait naguère, près de là, un petit lac dans lequel une montagne, sa voisine, eut, en 1837, la singulière fantaisie de faire un plongeon. Malheureusement, le contenant ayant été absorbé par le contenu, le lac se trouva métamorphosé en une plaine parsemée de blocs de granit.

Enfin, on arrive dans la vallée de Chamouny, proprement dite, au milieu de laquelle bondit, mugissante comme une bête fauve en folie, l'Arve grossie par l'Arveyron. Au milieu de cette région excentrique, apparaît, enseveli dans des barrières insurmontables de rochers et de glaces éternelles, le petit village de Chamouny, mollement couché sur son étroit lit de verdure. Ce n'est plus une illusion, un mirage, cette fois, car toutes ces merveilles tant rêvées se dressent devant vous dans toute leur splendide magnificence!

Voici à gauche le Mont-Bréven, la croix de la Flégère et les Aiguilles-Rouges; et à droite, le roi des montagnes, le Mont-Blanc, puis le glacier des Bossons, le Montanvert, l'Aiguille-du-Dru et l'Aiguille-Verte.

Le panorama de Chamouny est une de ces réputations vieilles comme le monde, qui n'a pas besoin des Saxhornes de la publicité pour se maintenir. Le Mont-Blanc ne vaut-il pas, à lui seul, tous les clichés les plus prétentieux de la réclame! Il ne faut donc pas s'étonner si, du mois de juin au mois de septembre, Chamouny est transformé en un caravansérail où, de tous les points du globe, des milliers d'étrangers viennent séjourner dans d'excellents hôtels. Nous ne voulons pas d'autre preuve de cette confortable qualité, que cette foule d'Anglais qui viennent y faire chaque année un libre échange d'excentricités, de politesses et de tranches de chamois avec les Français, les Italiens, les Turcs et même les Américains, qui semblent s'y être donné rendez-vous.

A tout seigneur tout honneur : parlons d'abord du Mont-Blanc. Chose singulière, l'ascension de ce géant qui devrait passionner le plus est celle que l'on tente cependant le moins souvent. Cette anomalie paraîtra moins étrange, lorsqu'on saura que, pour entreprendre ce périlleux voyage, il faut le concours de trois éléments indispensables : du courage d'abord, puis de l'argent et surtout un temps favorable ; c'est ce troisième élément de succès qui est le plus difficile à saisir au passage. Ne soyez donc pas trop surpris s'il y a tant d'appelés et si peu d'élus, car, malgré le bel exemple donné d'abord, en 1786, par le chasseur Jacques Balmat et le docteur Paccard, de la vallée de Chamouny, qui eurent la gloire de fouler aux pieds la couronne virginale du Mont-Blanc, puis, en 1787, par le savant M. de Saussure, le nombre des ascensions, nous ne dirons pas essayées, mais réussies, n'est pas encore très-considérable : c'est à peine s'il s'élève à quarante.

Deux des plus remarquables sont, sans contredit, celles accomplies par deux femmes de condition bien différentes, mais douées d'un égal courage ; nous voulons parler d'une simple servante d'auberge, Maria Paradis, et de la noble Mlle d'Angeville.

Mais aussi pour ces rares illustrations, qui ont reçu comme un titre de gloire leur brevet des mains du syndic de Chamouny, que de tentatives avortées ! que de déboires ! que de désillusions ! Combien de modernes Titans, parvenus aux *Grands-Mulets*, ont été renversés par un souffle dédaigneux du Roi Géant.

Il résulte de ces difficultés, que l'ascension du Mont-Blanc est tout à fait exceptionnelle, et que la plupart des touristes se contentent d'aller d'abord au Montanvert, à la Mer-de-Glace, puis au Jardin, sauf à visiter le lendemain la cascade des Pèlerins, les Bossons et la Flégère.

Avec son verdoyant piédestal, on dirait que le Montanvert semble opposer une digue aux envahissements des glaciers et des avalanches, car ses sapins, placés en védettes sur le flanc de la montagne, semblent leur crier : Halte-là ! Qui sait si ce n'est pas dans une intention toute stratégique qu'on a établi pour arriver au Pavillon, ce singulier sentier, aux détours mille fois plus compliqués que ceux décrits par le fil d'Ariane ? En tout cas, si quelqu'un songe à s'en plaindre, ce ne sera, certes pas, l'heureux promeneur tranquillement bercé par l'allure monotone de son mulet, sur lequel il chemine à l'ombre des mélèzes et des sapins. Il aurait mille fois tort, l'ingrat, car chaque zigzag l'initie, en montant, à de nouvelles beautés ; il peut même se désaltérer à la fontaine du Caillet, à jamais illustrée par Florian, où de nouvelles Claudines à la figure naïve lui offrent gracieusement du miel, du lait et des bouquets de roses des Alpes, moins éclatantes encore que leur teint.

Bientôt le bruit de la chute de l'Arveyron, qui tombe dans la vallée au pied même de la Mer-de-Glace, pour se perdre dans l'Arve, les Aiguilles du Dru et de Charmoz annoncent qu'on arrive à la pelouse de gazon sur laquelle a été édifié, en 1795, le pavillon octogone du Montanvert, d'où l'œil domine la Mer-de-Glace.

Le Français, M. Félix Desportes, qui a eu l'heureuse idée de le faire bâtir, était certainement un homme d'esprit. Grâce à lui, les voyageurs qui vont naviguer sur cette mer immobile, avec un bâton ferré en guise de rames, y trouvent l'hospitalité assaisonnée d'excellents vins et de liqueurs de tout genre. En attendant que le déjeuner soit servi, les uns font un choix d'échantillons minéralogiques, de bagues et de croix en agate, en cristal de roche ou en cornaline, ou de mille autres petites futilités en bois sculpté, qu'on retrouve dans tous les châlets suisses de l'Oberland. D'autres, beaux esprits ou loustics de table d'hôte, pour la plupart, se creusent la tête, pour inscrire sur un registre *ad hoc*, avec leurs noms, quelque pensée bien béotienne qu'ils méditent depuis Chamouny, et qu'ils décorent pompeusement d'improvisation. Si encore ces Pradels de contrebande étaient amusants! Mais, hélas!...

De temps en temps, le repas est interrompu par un coup de fusil tiré sur quelque chamois, ou bien par le bruit d'une avalanche se détachant des montagnes avec le fracas sec et rapide du tonnerre grondant sur la nue.

Après maintes libations toniques que l'état de l'atmosphère rend indispensables, on se hasarde, enfin, à descendre par un petit sentier, dans la Mer-de-Glace. Il est, à notre avis, peu de spectacles d'une tristesse plus grandiose et plus navrante que cet Océan aux vagues d'un blanc mat, aux teintes jaunes ou grises, que la main de Dieu semble avoir frappé d'immobilité, comme la femme de Loth dans un moment de juste colère. Là, tout se tait, tout est mort sur une surface déserte de dix-huit lieues. Une fois engagé sur ces glaciers éternels, un délire sauvage s'empare de vous ; malgré les difficultés du chemin, vous avancez avec un âpre plaisir dans ces régions fabuleuses, tantôt vous cramponnant au sommet de la vague, tantôt glissant dans l'abîme qu'un divin caprice a creusé à côté d'elle. C'est un voyage à nul autre pareil, un assaut fantastique que votre corps livre à votre imagination, et dans lequel celle-ci est toujours vaincue; car il n'est pas d'esprit, si excentrique qu'il soit, qui puisse rêver les combinaisons étranges de ce kaléidoscope. Aussi ne faut-il pas s'étonner si, malgré les fatigues et les périls du chemin, on s'acharne à explorer cette région hyperboréenne, à laquelle il ne manque, pour ressembler au Spitzberg, que quelques ours blancs, se dandinant sur un promontoire glacé.

Mais, quelquefois, les forces trahissent le courage ; tel qui était parti pour le Jardin, qui est encore à cinq heures de marche du Pavillon, s'arrête, fatigué au château de Montanvert, grand bloc de granit, sur l'une des faces duquel on lisait naguère encore cette inscription, gravée en lettres rouges : *Pocock et Windham* 1741. Ces simples mots, qui avaient le mérite de rappeler la première excursion faite par des étrangers dans la vallée de Chamouny, avait été détruite, en 1848, par des voyageurs malintentionnés ; mais elle a été rétablie, depuis, à la grande joie des touristes et surtout des Anglais.

Le voyage de ce point au *Jardin*, plate-forme triangulaire, recouverte de verdure, située près du Talèfre, est une série d'accidents topographiques beaucoup trop capricieux et trop glissants, pour ne pas offrir quelque danger. C'est pourquoi, malgré tout le charme de cette émeraude montée sur diamants, à plus de mille toises au-dessus du niveau de la mer, on va peu la visiter. C'est une des promenades extraordinaires de Chamouny.

Celles qui le sont beaucoup moins, et par d'excellentes raisons, sont la cascade des Pèlerins et le glacier des Bossons.

Cette cascade, qui se trouve à peu près à égale distance de Chamouny et des Bossons, est certainement une des plus originales que l'on puisse voir, non-seulement en Savoie, mais en Suisse. L'eau du torrent, en s'échappant par un étroit chenal qu'elle s'est creusé elle-même, rencontre dans sa course un rocher en saillie qui, en faisant rejaillir la colonne d'eau, la force à retomber frémissante, après avoir décrit une courbe gracieuse dans son bassin de rocailles.

De là, on se rend en peu de temps, par une route à peine tracée à travers les bois et les torrents, au glacier des Bossons ; c'est le type des glaciers honnêtes, d'un abord facile, à la mine toujours heureuse et souriante, un véritable glacier d'opéra comique enfin. Qu'il est beau, surtout, lorsque, par une limpide journée de juillet, il semble réchauffer, sous les rayons brûlants du soleil, ses obélisques et ses prismes d'azur, se dressant sur son lit plus blanc que l'albâtre ! Alors, cet amas confus de cônes et de pyramides semble s'animer ; cette région fantastique devient un palais de fée où tout vit, tout se meut ; la neige se fond, l'eau forme mille petits ruisseaux qui s'écoulent par d'innombrables entonnoirs. Les arêtes bleues des glaciers, victimes des caprices de la lumière, revêtent les couleurs les plus variées de l'arc-en-ciel, et étincellent au soleil comme des colonnes de cristal aux mille facettes.

Si après ces merveilles de premier plan vous voulez en admirer d'autres un peu plus éloignées, il faut monter, croyez-nous, à la croix de la Flégère. On y trouve, comme à presque tous les points un peu fréquentés par les touristes, une espèce d'hôtellerie amplement fournie de provisions de tout genre ; mais ce qu'on y trouve uniquement, c'est le magnifique panorama de la vallée de Chamouny et surtout du Mont-Blanc.

En face, on plonge sur la mer de glace, près de laquelle se dressent l'Aiguille-du-Dru et l'Aiguille-Verte s'élançant audacieusement, avec celles du Moine, du Grépon et une myriade d'autres, vers le ciel, comme des flèches dentelées. A gauche, on aperçoit le sommet du col de Balme, les glaciers et les villages de la Tour et d'Argentière; puis, après, en appuyant à droite, c'est Chamouny, le glacier des Bossons, l'Aiguille-du-Midi, le Mont-Maudit, et enfin le Mont-Blanc dont la cime est éternellement couverte de neige.

Voir de cet endroit le soleil levant teindre successivement d'une nuance pourprée les croupes neigeuses de ce géant, et celles des montagnes groupées autour de lui comme de fidèles satellites, puis briller sur les blocs étincelants des glaciers, entendre le bruit des avalanches, les pleurs des cascades et les plaintes mystérieuses des forêts agitées par la brise matinale, planer sur la vallée encore endormie dans les ombres de la nuit : c'est là un de ces spectacles uniques imaginables devant lesquels le cœur le plus froid laisse échapper un cri d'enthousiasme.

Pour juger de son effet colossal, qu'il nous suffise de dire que le sommet du Mont-Blanc est à 14,724 pieds au-dessus du niveau de la mer, le Dôme-du-Goûté, son voisin, à 14,370 pieds, tandis que la pointe de l'Aiguille-Verte est à 12,563 pieds et celle du Dru à 10,736.

Les guides de Chamouny, qui par une loi particulière

ont le privilége d'exercer dans la vallée de l'Arve depuis Sallanches jusqu'au col du Bonhomme, rivalisent avec leurs confrères d'Aix, en politesse, en dévouement et surtout en discrétion. On ne dira plus désormais muet comme la tombe, mais bien muet comme un guide. Les entrepreneurs de mémoires plus ou moins authentiques à tant la feuille, devraient publier les mémoires d'un guide, ils auraient certainement le mérite d'être complétement inédits.

Pour aller de la vallée de Chamouny à Martigny, deux chemins se présentent, l'un par le col de Balme, et l'autre par le chemin de la Tête-Noire. Nous conseillons aux personnes qui n'auront pas fait l'ascension de la Flégère de passer par le col de Balme, d'où elles jouiront du beau coup d'œil de la vallée dans toute sa longueur ; mais les autres devront prendre de préférence le chemin de la Tête-Noire. On se rend par cette dernière voie à Martigny en huit grandes heures.

Après avoir côtoyé la base des Aiguilles-Rouges, et dépassé le bourg d'Argentière, on arrive à Valorsine le dernier des villages de la Savoie avant d'entrer dans le Valais. C'est à un quart d'heure seulement de Valorsine que se trouve Barberine, petit hameau célèbre par sa cascade, l'une des plus impétueuses et des plus sauvages de la Savoie.

Bientôt on entre en Suisse par une porte d'ancienne apparence, élevée sur la route même. Le paysage borné par deux montagnes se resserre de plus en plus; voyageurs et mulets n'avancent qu'avec crainte. Il y a surtout un moment vraiment épouvantable, c'est celui où, à l'endroit nommé Maupas, le chemin est impitoyablement étranglé entre le torrent qui mugit à une profondeur effrayante et la montagne dont les pans de rochers perpendiculaires semblent menacer vos têtes. Alors on ne pose plus qu'en frémissant le pied sur des sapins renversés par les avalanches, et qui forment le fond mouvant de ce sentier que l'on sent vaciller sous ses pas ; au milieu de ces horreurs que l'on croirait l'œuvre d'un mauvais génie, l'âme est douloureusement oppressée, l'air et le ciel manquent. Il faut marcher longtemps encore en proie à ce cauchemar, que l'écartement des montagnes fait momentanément disparaître, pour recommencer à l'instant où la route taillée en spirale traverse la galerie pratiquée dans un rocher en saillie sur le torrent de l'*Eau noire* qui bondit à plus de mille pieds de profondeur. Enfin on arrive, au bout de cet horrible défilé, dans la vallée de Trient où l'horizon s'agrandit raisonnablement.

Au sortir du village de Trient on gravit un singulier chemin en tourniquet pour arriver au col de la

Forclaz. Ce voyage en zigzag, malgré un soleil brûlant, ne nous parut ni long ni fatigant, et si nous faillîmes être pris de vertige, la cause en était bien moins dans les accidents du terrain que dans les beaux yeux noirs d'une femme charmante qui nous avait galamment offert la queue de son mulet. En pareil lieu et avec de pareils yeux, c'est une politesse que nous n'aurions eu garde de refuser. Ainsi remorqué par le docile animal, témoin discret de ce singulier tête-à-tête, le col fut trop tôt franchi. Cependant notre mauvaise humeur disparut bientôt devant la belle plaine qui déroulait alors à nos yeux ses riches prairies parsemées de vignes, traversées par le Rhône et peuplées de villages au milieu desquels resplendissait, comme une reine au milieu de ses sujets, la ville de Sion, capitale du Valais.

Il ne nous fallut pas moins de quatre heures pour descendre à Martigny, où nous allâmes coucher à l'auberge de la *Grande-Maison*, célèbre par ses potages, qu'on peut sans médisance appeler indistinctement potages à la tortue, vu la lenteur avec laquelle on les sert.

C'est de Martigny que les voyageurs pour le Saint-Bernard s'y rendent, en une petite journée de huit à neuf heures de marche.

Pour nous qui allions à Evian, il fallut repartir le

matin pour Saint-Maurice, sur la route duquel on trouve à gauche, après une heure de marche, la jolie cascade de Pissevache dont la belle nappe d'eau irisée par les rayons du soleil tombait en poussière scintillante. Saint-Maurice, la dernière ville du Bas-Valais, est situé sur le Rhône, dans une position des plus pittoresques entre la Dent-du-Midi et celle de Morcles. Des rochers servent d'un côté de parement à la rue principale qui aboutit à son beau pont, sur lequel s'élève une tour carrée fortifiée.

Nous disons adieu pour un instant au canton du Valais, à ses glaciers et à ses crétins, pauvres goîtreux infectés par l'eau des neiges, pour entrer par Bex, célèbre par ses belles salines, dans le joyeux canton de Vaud, pays de jolies femmes et de bons vins, qui mire ses riants coteaux et ses somptueuses villas dans le lac Léman. Bientôt on retrouve le Valais, Villeneuve, où le Rhône se jette dans le lac, puis le Boveret et Saint-Gingolph, village moitié valaisan moitié savoyard, par lequel on rentre définitivement en Savoie.

Le chemin qu'on suit alors jusqu'à Evian côtoie continuellement le lac; c'est l'ancienne route d'Italie par le Simplon, créée par le gouvernement français pendant son occupation. Dans la première partie de son parcours, principalement jusqu'à la Meillerie, elle est taillée dans le roc, et montre les sites du lac dans leur aspect le plus sauvage et le plus romantique; c'est un véritable pays de légendes et de ballades.

Tandis qu'à gauche on suit les mille détours des montagnes savoisiennes que la route enserre comme un ruban; sur la rive opposée apparaissent les riches coteaux vaudois, le sombre château de Chillon, dans lequel fut enfermé, pendant plusieurs années, l'infortuné Bonnivard, chanté par Lord Byron, puis Montreux, Clarens, Vevey et autres villages couronnés par les Alpes vaudoises.

Plus on avance, plus l'aspect, de sauvage qu'il était, prend un caractère riant : on est alors en plein Châblais; les pentes deviennent moins abruptes, les formes des montagnes s'arrondissent, et l'on trouve bientôt, au lieu des rochers et des mélancoliques sapins, de riches prairies accidentées, ombragées par ces magnifiques châtaigniers qui ne trouvent de rivaux que sous le beau ciel de Naples.

A voir ce luxe de végétation, cette heureuse physionomie de paysage, on pourrait se croire dans un des coins les plus fertiles de la Normandie ou de la Bourgogne. Mais cette illusion ne saurait durer longtemps, le clapotement des vagues poussant les galets sous vos pieds, la voile glissant sur le lac, les treilles des vignes étreignant avec amour, comme pour leur rendre la vie, les cadavres blanchis des vieux arbres, et surtout les nombreuses croix semées par les chemins, promettant aux pieux voyageurs les indulgences de monseigneur l'évêque d'Annecy, tout vous dit que cette belle contrée, dont Jules Dupré, Cabat ou Troyon seraient si heureux d'étudier les sites charmants, c'est le Chablais ! Heureux pays dont les habitants, avec le calme philosophique du sage, regardent d'un air dédaigneux, mollement couchés sur le moelleux tapis de leurs gazons parfumés, les agitations politiques de leurs bruyants vis-à-vis les Vaudois !

Evian n'est pas seulement une jolie petite ville qui dresse en amphithéâtre, sur la rive gauche du lac, ses maisons, ses terrasses et ses jardins. C'est surtout le siége d'un établissement de bains rendu important par la vertu efficace de ses eaux minérales alcalines, connues depuis 1789, autant que par le nombre toujours croissant de visiteurs attirés par les plaisirs variés qu'on y trouve. La fontaine d'Amphion, située près d'Evian, est renommée par son eau ferrugineuse acidule, dont les rois de Sardaigne et leur famille vinrent plusieurs fois faire usage.

Une saison à Evian est bientôt passée, les promenades sur le lac et dans les environs, qui sont ravissants, les excursions à Lausanne, dont on aperçoit les tours des clochers, à Vevey qu'on irait visiter ne fût-ce que pour dîner à l'hôtel des Trois-Couronnes, hôtel vraiment princier, dans le jardin duquel on jouit du côté de Villeneuve de la plus belle vue du lac Léman, somptueusement encadré par les Dents d'Oche, du Midi et les hautes montagnes du Valais.

Si on se rend à Genève par la voie de terre depuis Evian, avant d'arriver à l'agréable petite ville de Thonon, capitale du Chablais, qui est précédée de l'étroit et interminable pont sur la Dranse, on trouve, à droite, l'ancienne chartreuse de Ripaille, qui s'élève au milieu de vigoureux massifs de verdure sur une pointe de terre lancée un peu aventureusement au milieu des eaux du lac. Cette superbe retraite, aujourd'hui convertie en ferme, fut fondée, sous le patronage de Saint-Maurice, par le duc de Savoie, Amédée VIII, devenu plus tard pape sous le nom de Félix V. A en croire les historiens sérieux, c'est bien à tort qu'on attribue aux nobles hôtes de ce séjour la vie épicurienne d'où est venu notre joyeux proverbe français : *Faire ripaille*, car le royal anachorète, dégoûté des plaisirs du monde, passait son temps avec les six chevaliers de l'ordre de Saint-Maurice, institué par lui, à s'occuper plutôt des affaires politiques et religieuses, que des jouissances sensuelles. C'est à ces pratiques pieuses qu'il dut d'être surnommé le *Salomon de son siècle*. Il y a loin de là à un jovial héros de Rabelais.

Une château digne aussi d'attention, c'est le Coudré, bâti non loin du lac. Il est entouré d'un parc planté de buis gigantesques dont plusieurs atteignent la hauteur des peupliers. C'est là une véritable curiosité de végétation, à laquelle l'odeur aromatique de ces arbres donne encore un nouvel attrait.

Genève est située dans une admirable position, au bout du lac : c'est une ville charmante autant par ses monuments, ses beaux quais peuplés de somptueux hôtels, que par les sites délicieux de ses environs. Le séjour de cette cité, si agréable en apparence, est médiocrement amusant pour l'étranger, qui est tout surpris de trouver dans ce froid berceau du calvinisme des formalités ennuyeuses, des exigences mesquines et des mœurs qui se ressentent de la raideur guindée des méthodistes et des bourgeois millionnaires qui y fourmillent.

Aussi n'y reste-t-on que le temps nécessaire pour visiter les principaux monuments, le Jardin des Plantes, la cathédrale et le musée Rath qui, avec la rue de la Corraterie et l'île de Jean-Jacques Rousseau, forment à peu près tout ce que la ville renferme d'intéressant. Il n'y a guère que les amateurs de truites, et les fanatiques de cigares plus ou moins espagnolisés, qui y prolongent leur séjour. Si pressé que l'on soit, on ne peut se dispenser cependant de visiter

Ferney, qui a changé tant de fois de maître depuis Voltaire, et le château de Coppet, appartenant aujourd'hui à M. le duc de Broglie, gendre de Mme de Staël, où reposent les cendres de Necker et de l'auteur de *Corinne*, son immortelle fille.

Après cette excursion on rentre en Savoie, heureux d'y retrouver l'accueil affable et l'air avenant de ces braves et excellents habitants qui, dans leur bon sens montagnard, préfèrent à la stérile vanité des devises menteuses, le régime doux et sincèrement libéral, dont leur jeune et valeureux roi Victor-Emmanuel est et sera toujours le fidèle et énergique défenseur.

Cette tâche lui sera rendue d'autant plus facile, qu'il peut compter, pour le seconder dans ses patriotiques efforts, sur le loyal concours de son digne frère, le duc de Gênes, dont la science égale le courage.

Ici finit notre tâche, bien que nous soyons loin d'avoir épuisé l'interminable série des beautés pittoresques de ce pays. Un in-folio ne suffirait pas à décrire les sites si variés des vallées de Tarentaise, de Beaufort, du Giffre dans le Faucigny, le singulier défilé de Saint-Saturnin, l'abbaye de Talloires, les mines de lignite de Sonnaz et d'Entrevernes, les salines de

Moutiers, le beau pont de la Caille, celui de Rumilly, et cette myriade de curiosités qui pullulent en Savoie.

Puisse cette rapide esquisse procurer à ceux qui la liront autant de plaisir que nous en avons eu à la tracer, c'est là toute notre ambition !

L'ÉTÉ

À

AIX EN SAVOIE

Imprimerie de HENNUYER et Ce, rue Lemercier, 24. Batignolles.

L'ÉTÉ

A

AIX EN SAVOIE

NOUVEAU GUIDE PRATIQUE

MÉDICAL ET PITTORESQUE.

PARTIE MÉDICALE

PAR

LE DOCTEUR DESPINE FILS,

MÉDECIN INSPECTEUR DES EAUX,

Membre correspondant des Académies de Turin, de Savoie,
des Sociétés de médecine de Paris, Lyon,
Genève, etc.

TROISIÈME ÉDITION,

COMPLETEMENT REVUE ET AUGMENTÉE

AVANT-PROPOS.

—

Les eaux d'Aix, déjà connues dans les temps les plus reculés, ont acquis, depuis quelques années surtout, une célébrité européenne.

Des constructions importantes, de nombreux changements dans les appareils, enfin, l'introduction de nouveaux moyens thérapeutiques, ont porté cet Établissement thermal à un tel point de perfection, qu'il est, avec raison, cité comme un Établissement modèle.

Ce qui assure aux eaux d'Aix une prééminence marquée sur la plupart des autres Établissements thermaux, c'est que la nature les a douées de la température la plus convenable à l'économie animale.

A Louëch, Carlsbad, Acqui, Lamothe, etc., les eaux, trop brûlantes pour pouvoir être immédiatement employées, sont refroidies au contact de l'air ; à Enghien, Harrogate, Schinznach, Uriage, Allevard, leur température se trouvant inférieure à celle qui convient au bain, il faut les chauffer artificiellement; dans l'un et l'autre cas, elles sont exposées à perdre une partie de leurs principes actifs et surtout les gaz qu'elles contiennent. Enfin, presque partout on est obligé d'élever l'eau à l'aide de machines, dont le plus léger dérangement peut en arrêter tout à coup la distribution.

Les eaux d'Aix, au contraire, jaillissent à

mi-côte ; et, sans nécessiter des moyens mécaniques, elles peuvent être administrées à tous les degrés de pression, depuis un pied jusqu'à trente. Leur chaleur moyenne, de 45 degrés centigrades (35° Réaumur, 110° Fahrenheit), qu'on peut aisément mitiger, les rend propres à remplir toutes les indications médicales. Leur abondance est telle qu'elles alimentent une centaine de robinets, et que la seule eau dite de *Soufre* fournit, d'après le calcul de Francœur, soixante et douze mille litres par heure. Il faut encore ajouter à ces propriétés la douceur du climat, qui contraste d'une manière frappante avec la température froide et l'élévation de la plupart des lieux où jaillissent les autres sources minérales. Ces avantages qui ne se trouvent dans aucun autre Établissement de bains, la modicité des prix, les ressources et les agréments qu'offre le séjour d'Aix, telles sont, sans doute, les causes de sa prospérité.

Un grand nombre d'ouvrages intéressants ont été publiés sur Aix et sur ses environs; mais la plupart se sont abstenus de traiter leur sujet sous le rapport médical, ou sont trop étendus pour former un manuel portatif et commode. J'ai tâché de remplir cette lacune par cette nouvelle publication, dans laquelle j'ai mis à profit les travaux de mes devanciers et les traditions médicales de ma famille.

Dans les voyages que j'ai entrepris en France, en Angleterre et en Allemagne, pour m'y perfectionner dans la science des Eaux minérales, j'ai eu l'occasion de connaître des médecins et des chimistes distingués, qui ont bien voulu m'honorer de leur amitié et m'aider de leurs lumières. Enfin, l'affluence toujours croissante de baigneurs qui semblent se donner rendez-vous de Paris, de

Lyon et des grandes cités italiennes, dans l'une des plus riantes vallées des Alpes, m'a permis de multiplier, à Aix, les observations de médecine pratique. C'est avec ces nombreux documents que j'ai entrepris cette troisième édition d'un ouvrage qui a reçu des Sociétés savantes, du public, un accueil auquel j'étais loin de m'attendre. Puisse-t-il être utile à mon pays, agréable à mes confrères, et instructif pour l'étranger ; ce sera la plus douce récompense de mes efforts.

L'ÉTÉ
A AIX EN SAVOIE.

CHAPITRE I.

Des Eaux thermales et minérales d'Aix.

§ I.

SOURCES THERMALES.

Les eaux thermales d'Aix forment deux sources principales : l'une dite de *Soufre*, et l'autre d'*Alun* [1] ou de Saint-Paul. Toutes deux jaillissent, avec une abondance extraordinaire, à 60 mètres environ l'une de l'autre.

[1] Les anciens, au rapport de Vitruve (*Architect.*, p. 271), désignaient le gypse, sous le nom d'alun. L'on peut en inférer que, ayant vu les cavernes où passait cette source, recouvertes de sulfate de chaux, tandis que le même phénomène ne pouvait être vérifié pour l'eau de soufre, dont le cours souterrain est inaccessible, ils donnèrent à celle-là le nom d'eau d'alun, de préférence à l'autre. Comme elle ne contient cependant aucune trace de sulfate d'alumine, quelques auteurs l'ont appelée aussi source de Saint-Paul, du nom d'une chapelle qu'on voyait jadis à peu de distance de ses réservoirs.

La première, renfermée tout entière dans le vaste édifice connu sous le nom de *Bâtiment Royal*, sort d'une roche calcaire, pénétrée de petits grains pyriteux, par une ouverture de 12 à 15 pouces carrés. Les variations atmosphériques ont peu d'influence sur son volume, sa couleur et sa chaleur ; ce qui porte à croire qu'elle coule plus profondément que l'eau d'alun.

Celle-ci sort du même banc calcaire, à une élévation de 30 pieds, qui permet de l'employer pour les douches à forte percussion. Elle communique avec plusieurs soupiraux appelés par Cabias les *Puits d'enfer*, qui semblent indiquer sa direction souterraine.

Le 30 juillet 1837, j'ai visité, pour la troisième fois, la Grotte des Serpents, qui forme l'un de ces soupiraux, et les galeries voisines situées sous la maison Roissard, à l'est de la ville. J'avais pour compagnons mon père, MM. Bonjean frères, le docteur Monnet d'Annecy et deux guides. Voici quel a été le résultat de nos observations.

La direction générale des souterrains s'étend du sud-est au nord-est. Leur longueur totale est d'environ 45 mètres. Ils communiquent à l'extérieur par deux issues, éloignées l'une de l'autre de 30 pieds et aboutissant sur la voie publique. La première, qu'on rencontre à quelques pas de la ville, est une ouverture de 7 décimètres carrés, habituellement fermée par une pierre de regard. La deuxième, située au nord-est de la précédente, forme l'entrée d'un couloir voûté, appelé la Caverne des Serpents, à cause des dépouilles de couleuvres qu'on y rencontre [1].

Ayant fait lever la pierre qui fermait la première entrée, nous vîmes, après trente secondes, des tourbillons de vapeurs s'échapper par l'issue supérieure, provenant du courant d'air que nous venions d'établir. Nous étant mis, par ce moyen, à l'abri de la suffocation qu'on avait à redouter de l'extrême chaleur et surtout du manque d'air atmosphérique dans ces cavités, nous y descendîmes à l'aide d'échelles, par l'ouverture carrée déjà décrite.

Celle-ci s'enfonce verticalement et aboutit à une espèce de chambre circulaire de 4 à 5 mètres carrés d'étendue, sur 1 mètre de hauteur dans œuvre. Au levant de ce vestibule existe une autre pièce presque aussi grande que la première ; son sol est incliné du nord au sud. Il se trouvait couvert de terre argileuse grisâtre, remplie de petits cristaux de gypse. Le car-

[1] Les couleuvres sont innocentes à Aix, comme elles le sont ailleurs; les vipères y sont venimeuses : mais, comme elles y sont très-rares, ce fait a donné lieu à un préjugé qui consiste à attribuer aux eaux sulfureuses la propriété de neutraliser les effets de la morsure des serpents.

bonate calcaire dont se compose la roche s'y est transformé en sulfate de chaux, phénomène qui a lieu pareillement à l'autre issue du côté de la Grotte des Serpents, mais qui n'existe pas dans les galeries inférieures ordinairement baignées par l'eau.

Le sol du premier vestibule est percé de deux puits verticaux d'un mètre environ de large et de 5 à 6 mètres de profondeur. Tous deux aboutissent à une autre chambre dont les dimensions sont à peu près les mêmes que celles de la première. Elle est de plain-pied avec la partie principale de la grotte, et communique avec elle par un étranglement de 2 mètres de largeur, sur 1 de hauteur. Le sol de l'étranglement est la partie la plus basse de cette grotte; de sorte que l'eau y forme une mare qu'il faut traverser pour arriver à la galerie centrale. Celle-ci est elliptique, sa longueur est d'environ 15 mètres.

L'inclinaison du sol de la galerie étant de 25 degrés, elle se trouve être presque parallèle à celle du coteau, ce qui fait que les eaux chaudes jaillissent dans la partie supérieure, au nord-est, et viennent former le petit étang dont j'ai déjà parlé. En remontant dans cette galerie, dont la hauteur n'excède pas 1 mètre, on arrive à un cul-de-sac de 4 à 5 mètres d'étendue, dont la partie supérieure donne issue à une galerie très-inclinée, recourbée sous un angle de 45 degrés environ, et que nous avons désignée plus haut sous le nom de Grotte des Serpents.

Le niveau de l'eau était de 20 pouces plus bas que dans mes excursions précédentes, ce qui nous a fait reconnaître deux grottes plus élevées et plus spacieuses, situées au midi de celles que je connaissais déjà, l'une en forme de grand four, avec une île au milieu, découverte le 5 janvier 1835, par le doucheur Favrin, et une autre au delà, dont nous n'avons pu reconnaître exactement l'étendue, la profondeur de l'eau empêchant de pénétrer plus avant. Autant que j'ai pu en juger, à la clarté brillante d'une flamme de Bengale et des bougies que nous abandonnions au courant de l'eau, ces galeries se dirigent, du nord au sud, du côté de la source *Fleury*, puis, se recourbant sur elles-mêmes, servent à l'écoulement des eaux, qui de là se rendent vraisemblablement au souterrain appelé *Cul-de-lampe.*

L'eau, dans l'ancienne galerie, marquait 39° et l'air ambiant 36. Dans la nouvelle galerie, l'eau était au même degré, mais l'atmosphère marquait un degré de plus ; les vapeurs y étaient plus denses, la flamme de la bougie plus courte et la chaleur suffocante.

Toutes les anfractuosités du sol, ainsi que l'eau, dans les endroits où elle est stagnante, renferment de nombreux filaments blanchâtres de matière azotée, beaucoup plus abondante en *sulfuraire* qu'en *glairine* proprement dite.

La voûte de ces grottes est tapissée de stalactites membraniformes, desquelles on voit couler des gouttes d'eau fort acide. Chaptal rapporte le même phénomène des bains de Saint-Philippe en Toscane, d'après le témoignage de Baldassari. Ce fait avait déjà été observé par le docteur Fantoni, qui écrivait, il y a plus d'un siècle, dans son ouvrage sur les Eaux d'Aix : « Je m'a-« perçus que les plus acides de ces gouttelettes étaient « celles qui se trouvaient les plus proches de la source, « surtout vers la fenêtre qui donne du jour au réser-« voir des eaux ; les autres l'étaient beaucoup moins, « et enfin, celles qui se trouvaient le plus loin de la « porte présentaient à peine de l'acidité. » Diverses expériences, faites à ce sujet, donnent lieu de croire que l'hydrogène sulfuré, tenu en suspension dans les vapeurs, venant en contact avec l'air extérieur, s'empare d'une partie de son oxygène, et le transforme en acide sulfurique.

Outre les deux soupiraux décrits, il en existe deux autres ; l'un, habituellement fermé, situé au nord des bosquets du jardin Chevallay ; l'autre, dans la commune de Mouxy, sous le roc de Saint-Victor, d'où l'on voit s'élever, en hiver, de légères vapeurs.

Les excursions faites à diverses reprises dans ces

souterrains ont démontré que le massif à travers lequel filtrent les eaux est plein d'anfractuosités; une d'elles, existant sous la maison Roissard, semble donner naissance à la source Fleury, qui n'en est éloignée que de quelques pas.

Cette fontaine et l'ancienne source Chevillard, à Marlioz, jaillissent à un quart de lieue de distance l'une de l'autre. La première est chaude et offre des intermittences irrégulières dans sa sulfurisation. La deuxième est froide et beaucoup plus sulfureuse que les autres sources d'Aix.

Deux sources existent à Marlioz, inégalement chargées de principes médicamenteux. La plus active est celle dite d'*Esculape;* la deuxième est la source *Adélaïde.* Toutes deux renferment de l'iode et du brôme; minéralisées par un sulfure alcalin avec excès d'acide sulfhydrique, elles offrent l'avantage de pouvoir être transportées au loin sans se décomposer. La facilité qu'ont les malades à Aix de pouvoir combiner un traitement thermal sudorifique avec la boisson des eaux sulfuro-iodurées de Challes et de Marlioz, ou avec les eaux alcalines de Coise et d'Évian, qui toutes se trouvent dans le voisinage, est surtout précieuse pour combattre les affections scrofuleuses et cutanées rebelles, ainsi que les affections goutteuses et celles des voies urinaires. Quant à l'eau de Marlioz, dont j'ai plusieurs fois constaté l'utilité dans les maladies chroniques de l'estomac, elle a pour effet constant d'augmenter sensiblement les forces digestives.

Les eaux d'alun tarirent tout à fait, il y a environ cinquante ans, et prirent, du côté de l'Est, un nouvel écoulement, à plus de 100 mètres de celui qu'elles avaient d'abord. La visite de la caverne ayant fait reconnaître que des blocs tombés de la voûte en avaient obstrué les conduits, on les déblaya, et bientôt après les eaux reprirent leur cours primitif.

Des observations, qui datent de temps immémorial, prouvent que les eaux thermales d'Aix conservent à peu près toujours la même température. On a gardé cependant le souvenir de quelques variations assez remarquables. C'est ainsi qu'en 1755, lors du tremblement de terre de Lisbonne, et en 1783, lors de celui qui bouleversa une partie de la Calabre, les eaux de soufre se troublèrent et se refroidirent; elles tinrent en suspension, pendant plusieurs heures, des flocons gélatineux, qui se déposaient, sous forme de sédiment bleuâtre; rien de semblable n'eut lieu alors dans les eaux d'alun, bien que le même phénomène ait été observé, à cette époque, pour un grand nombre de sources thermales étrangères.

En 1822, une nouvelle secousse se fit ressentir dans la direction du N.-N.-Est au S.-S.-Ouest, et réagit encore sur les eaux. Tout le sol de la Savoie fut fortement ébranlé, surtout aux environs du lac du Bourge et de celui d'Annecy. La source de soufre resta froide, six heures de temps; elle prit une teinte cendrée et charria, pendant un jour, une grande quantité de matière végéto-animale. Les eaux d'alun, par une singularité digne de remarque, n'éprouvèrent encore aucun changement [1].

En 1816, les pluies ayant été très-abondantes, il parut aux environs des deux sources principales d'autres filets d'eau chaude, qui ne tardèrent pas à tarir, et qui furent probablement le résultat d'un trop-plein. Les eaux d'alun s'étaient extrêmement refroidies, et celles de soufre ne marquaient que 25 degrés.

Dès lors, les sources n'ont pas présenté des variations notables dans leurs qualités physiques ou chimiques; mais celles qu'elles possèdent habituellement pourraient, indépendamment de leurs propriétés médicales, les rendre extrêmement utiles dans les arts et l'agriculture. En effet, leur situation au penchant

[1] Un fait aussi remarquable, c'est que les tremblements de terre qui ont eu lieu, au nombre de 109, dans la province de Maurienne, à dater du 19 décembre 1838 jusqu'au 18 mars 1840, ainsi que celui qui a eu lieu à Aix même, le 2 janvier 1841, n'ont produit sur les eaux de soufre et d'alun aucun changement appréciable.

de la colline, leur volume considérable et presque toujours uniforme, permettraient de les appliquer dans plusieurs établissements industriels. On a remarqué qu'elles sont éminemment propres à la confection du papier, et qu'elles lui donnent la qualité de conserver les couleurs, qui y acquièrent plus d'éclat, pour la peinture au lavis et à l'aquarelle. La faculté qu'elles possèdent de dégraisser et d'assouplir la laine, les ferait employer avec avantage dans les fouleries. Les arts du teinturier, du mégissier, du tanneur, pourraient les utiliser, et elles offriraient à l'horticulture un moyen facile de maintenir dans les serres une chaleur douce et constamment égale. Enfin, rien ne serait plus aisé que d'utiliser cette chaleur pour l'incubation artificielle des œufs de poule en hiver, ainsi que l'a pratiqué M. Darcet à *Chaudes-Aigues* et à *Vichy*, dont les eaux n'ont pas plus de 45 degrés R.

Empressée de s'éclairer de toutes les notions propres à faire connaître la direction souterraine de nos sources minérales, leur profondeur dans le sein de la terre et les causes susceptibles de produire leur refroidissement, l'Administration des Bains a profité du séjour de M. l'abbé Paramelle en Savoie, pour lui faire examiner les terrains environnants.

Le 5 juillet 1836 fut le jour de l'excursion. M. Paramelle, mon père, médecin-directeur de l'Établissement, et plusieurs membres de la Commission administrative des Bains l'accompagnèrent ; je me joignis à la société, et voici le résumé des observations énoncées par cet explorateur et de son opinion personnelle au sujet de nos sources thermales :

1° L'eau dite d'alun et l'eau dite de soufre ont la même origine et la même cause calorifique : leur chaleur est due à des décompositions chimiques dans le sein de la terre.

2° Ces deux sources proviennent d'un grand nombre de filets d'eau épars le long de la courbe d'environ 1,000 mètres, que décrivent les rochers du *grand Revard* et ceux qui les avoisinent au nord-est de la commune de Mouxy.

Tous ces filets se réunissent ensuite au-dessous du rocher de *Saint-Victor*, lieu où se bifurquent les deux sources jusqu'à leur orifice respectif de sortie, en suivant une ligne presque droite de l'est à l'ouest.

3° La profondeur des deux sources n'est pas la même ; l'eau d'alun coule beaucoup plus superficiellement que sa voisine, de là le refroidissement plus prompt et plus grand de la première, après des pluies abondantes.

4° La source *Fleury* n'est qu'un filet détaché de la source d'eau d'alun.

5° On pourrait prévenir l'altération des eaux thermales d'Aix et augmenter vraisemblablement leur chaleur, en fermant le soupirail qui se trouve près du rocher de Saint-Victor et en détournant les eaux froides qui passent non loin de là, surtout dans les grandes pluies ou à la fonte des neiges.

6° La différence et la proportion des principes minéralisateurs des deux espèces d'eau seraient par conséquent dues à la nature des terrains que ces eaux parcourent dès leur bifurcation ; c'était déjà l'opinion de Bleton et de Thouvenel.

Bleton était un simple paysan à qui la présence des sources souterraines donnait un mouvement fébrile et un état nerveux, qui allait quelquefois jusqu'à la défaillance.

En 1784, le docteur Dacquin et le physicien Thouvenel essayèrent de suivre le cours de nos eaux thermales à l'aide de Bleton. Le résultat de leurs expériences fut que leur origine était commune vers le nord-est et que leur point de division était à une demi-lieue environ de la ville, sur le territoire de la paroisse de Pugny.

§ II.

PROPRIETÉS PHYSIQUES.

Les propriétés physiques des eaux d'Aix, qui méritent particulièrement d'être examinées, sont : leur couleur, leur odeur, leur saveur, leur pesanteur spécifique, leur volume, leur dépôt et leur chaleur.

Couleur. — L'eau d'alun observée, tant dans les bassins qui la reçoivent, au sortir du rocher, que dans le *Bain royal*, présente une teinte légèrement verdâtre, due aux conferves et *détritus* qui en tapissent les parois.

L'eau de soufre, tombant immédiatement dans les cabinets de douches et de bains, où règne beaucoup de propreté, n'offre pas la même teinte.

Toutes deux, examinées dans un vase de cristal, sont d'une limpidité parfaite ; on aperçoit seulement, dans les eaux de soufre prises à la source, le dégagement d'une multitude de bulles gazeuses, qui viennent crever à la surface et obscurcissent un instant leur transparence.

Odeur. — Les deux sources ont une odeur d'œufs couvés, ou d'acide hydro-sulfurique, qui cependant est moins prononcée dans l'eau d'alun. Cette odeur est insensible à la sortie du rocher. Elle ne commence à se développer qu'au bout de quelques secondes de leur exposition à l'air ; vingt-quatre heures après, elles sont parfaitement inodores.

Saveur. — Si la présence de l'acide hydro-sulfurique ne se manifeste pas constamment à l'odorat, elle se reconnaît toujours au goût : car, après avoir bu une verrée d'eau minérale, on ne tarde pas à éprouver des rapports nidoreux, qui sont d'autant plus fréquents que les circonstances favorisent davantage le dégagement du gaz hydrogène sulfuré.

Leur saveur varie suivant l'état de l'air. Très-sensible dans les temps d'orage et lorsque l'atmosphère est chargée d'électricité, elle devient moindre dans les temps chauds et lorsque la pression atmosphérique diminue. Elle est d'ailleurs un peu nauséabonde et laisse une impression douceâtre.

Pesanteur spécifique. — La pesanteur spécifique des deux espèces d'eau est à peu près la même et dépend de la température qu'elles ont au moment de l'expérience. Tant que les eaux sont chaudes, leur densité restant moindre, l'aréomètre, ainsi que l'a remarqué Socquet, s'y enfonce d'un degré et demi au-dessous de zéro. Refroidies, cet instrument se maintient à un quart de degré au-dessous de ce point, et s'écarte peu de la densité spécifique de l'eau distillée.

D'après M. Bonjean, la pesanteur spécifique de l'eau de soufre, comparée à celle de l'eau distillée, est de 100,01.

Volume. — La source d'eau de soufre produit, d'après Francœur, vingt litres par seconde, c'est-à-dire douze hectolitres par minute, et un million sept cent vingt-huit mille litres par vingt-quatre heures. Qu'on ajoute à cette quantité, l'eau d'alun, dont le volume est presque moitié de celui de la précédente, et l'on aura une idée de la masse énorme des eaux thermales qui sont à la disposition de l'Etablissement.

Dépôts. — On remarque dans le grand canal rectangulaire qui conduit les eaux de soufre au réservoir de distribution, un dépôt de couleur sombre, composé d'une multitude de filaments onctueux au toucher, se déchirant à la manière des substances fibreuses, et laissant au goût une saveur fade, légèrement styptique.

On trouve des dépôts analogues dans le bassin de la source de Saint-Paul, au fond du souterrain, appelé *Cul-de-lampe*, et dans le Bain royal. Ceux-ci ont plus de consistance et se rapprochent davantage, par leur aspect, des mousses et des lichens, tandis que les premiers sont presque entièrement formés par une substance végéto-animale, appelée *glairine* par Anglada, et *batraco-sperme* par quelques naturalistes, à cause de sa ressemblance au frai de grenouilles. L'influence de la lumière du soleil la colore en vert, d'une manière manifeste.

Chaleur. —La chaleur des eaux est bien différente, lorsqu'on l'observe dans les réservoirs extérieurs, ou dans les souterrains qu'elles se sont creusés naturellement. Au fond de la *Grotte des Serpents*, le thermomètre marque quelquefois 40° R. (120 Fahrenheit). Les *Bouillons* et les cabinets de l'*Enfer* donnent 35° R. (110 F.); le nouveau *Vaporarium* peut élever la chaleur de l'atmosphère de ses cabinets à 27° R. (91 F.); la *Division du centre* fournit l'eau à 34° R. (104 F.); enfin, dans la division *des Princes*, qui est mieux aérée et plus vaste, cette chaleur dépasse rarement 33° R. (103 F.).

La température des eaux de soufre varie à peine en hiver; mais, après de fortes ondées d'orage ou des pluies prolongées, elle s'abaisse de quelques degrés, et il lui faut un certain temps pour revenir à sa chaleur normale. Celle des eaux d'alun, au contraire, s'abaisse promptement de 4 à 5 degrés dans la saison des pluies, et remonte avec rapidité, aussitôt que les causes du refroidissement ont cessé.

La plupart des auteurs qui ont écrit sur Aix s'accordent à dire que l'eau commune, portée au même degré de chaleur que ces eaux thermales, se refroidit plus rapidement que celles-ci. L'un d'eux assure même que l'eau ordinaire, portée à 80 degrés R., perd, en deux heures, 60°, tandis que l'eau thermale n'en perd que 15 en douze heures. Les dernières expériences que j'ai faites, pour m'assurer de la réalité de cette assertion, ne m'ont point donné les mêmes résultats.

Elles tendent au contraire à appuyer celles de M. Bonjean. D'après lui, l'eau ordinaire est, de toutes, celle qui se refroidit le plus vite ; vient ensuite celle d'alun, puis celle de soufre, enfin, l'eau distillée. L'eau ordinaire, portée à 45 degrés centigrades, n'exige que 118 minutes pour descendre à 25 ; l'eau d'alun 127, l'eau de soufre 131 et l'eau distillée 135, toutes circonstances égales d'ailleurs.

Si l'on plonge la main dans l'eau de soufre ou d'alun, sans l'agiter, l'impression de la chaleur est sensiblement moins forte que lorsqu'on lui imprime du mouvement. Cette observation est importante pour celui qui prépare les bains ; car la sensation qu'il éprouve lui tient souvent lieu de thermomètre.

Malgré la température élevée des eaux d'Aix, De Saussure dit, dans son savant ouvrage sur les Alpes (vol. III), qu'on trouve des animaux vivants dans les bassins qui les reçoivent, et qu'il y a reconnu lui-même des rotifères, des anguilles et d'autres animaux infusoires.

Nous y avons observé, M. Fontan et moi, à l'aide d'un excellent microscope d'*Amici*, des naviculaires, plusieurs variétés d'oscillaires, entre autres, l'*oscillaria tenuissima*, ayant un cinq-centième de millimètre de longueur.

Cause présumée de la chaleur des eaux thermales. —

Les savants sont encore divisés sur la cause de la chaleur des eaux thermales. Plusieurs d'entre eux ont attribué cette chaleur au jeu de l'affinité chimique des corps qui existent dans les entrailles de la terre.

Barri et *Lemaire* expliquent cette chaleur par la fermentation; *Steffens*, par l'action de grandes piles voltaïques, produites par l'alternat des couches qui forment l'enveloppe corticale du globe.

Etmuler, *Valmont de Bomare*, *Godefroi*, pensent que cette chaleur est due à la décomposition des pyrites; *Martinet*, à l'électricité; *Paul Dubé* et *Verner*, à la combustion lente des mines de charbon fossile; *Davy*, à la décomposition de l'eau et à l'oxydation, dans l'intérieur du globe, des métaux qui forment la base des terres et des alcalis.

Rullman, dans sa description de Wiesbaden, exagérant le système de Kepler, imagine que le globe est un animal doué de vitalité, et que les eaux minérales appartiennent à ses sécrétions.

D'Omalius d'Halloy explique aussi cette chaleur par le feu central. « On conçoit, dit-il (*El. de Géologie*, « p. 428), qu'au milieu de l'amas de décombres qui « composent la croûte du globe, il se trouve non-« seulement des interstices suffisants pour laisser « passer des courants de matière liquide; mais qu'il « doit y en avoir d'autres plus resserrés qui ne laissent

« passer que des gaz plus ou moins échauffés. Or, « dès qu'un de ces tuyaux naturels sera en communication, sous des conditions favorables, avec de « l'eau, il la transformera en eau thermale ou miné« rale, selon la nature et la température du fluide « mis en contact ; de même que, dans nos labora« toires, on fait des eaux minérales factices, au moyen « des gaz que l'on introduit dans l'eau ordinaire, par « des tuyaux artificiels. »

La plupart des physiciens et géologues modernes, reconnaissant, avec ce dernier, l'insuffisance des causes énumérées par les anciens pour expliquer l'uniformité de la chaleur des eaux thermales, ont recours, comme lui, au feu central. Voici leur théorie.

Le calcul a prouvé aux astronomes que notre planète a précisément la forme qu'elle aurait dû prendre si elle avait été primitivement fluide. Les observations faites sur la température intérieure de l'écorce du globe, dans les plus grandes profondeurs qu'il ait été possible d'atteindre, démontrent aussi que cette écorce est douée d'une chaleur indépendante de celle que le soleil développe à sa surface ; que cette chaleur augmente avec la profondeur, et que, suivant Cordier, elle peut être évaluée, terme moyen, à un degré centigrade pour 23 mètres de profondeur, d'où il résulterait qu'à 2 kilomètres elle atteindrait la température de l'eau bouillante, qu'à 10 myriamètres (ou moins de 1/60 du rayon terrestre), elle serait suffisante pour fondre la plupart des roches connues. Enfin, la physique nous apprend qu'une partie de cette chaleur devant se perdre dans les espaces planétaires, par l'effet du rayonnement, il en résulte un refroidissement continuel. On est donc fondé à conclure que, d'une part, il se trouve en-dessous de l'écorce du globe une masse immense à l'état de fluidité ignée, et d'autre part, que la partie extérieure de cette masse fluide tend à passer à l'état solide et à se réunir à la partie inférieure de l'écorce.

Ces différentes considérations sont la base du système géogénique qui rencontre aujourd'hui le plus de partisans, d'après lequel :

1° Notre planète a été primitivement à l'état de *fluidité incandescente*, entourée d'une atmosphère composée des fluides élastiques actuels et d'une foule de matières sublimées.

2° La cause calorifique ayant cessé, un des premiers effets de l'abaissement de température a été la *coagulation* d'une croûte solide, ou un premier mode de formation de roches du haut en bas.

3° Une partie des matières sublimées s'est ensuite précipitée sur la terre ; elle vint ajouter une nouvelle croûte solide, dans un sens différent de la précédente, c'est-à-dire de bas en haut; c'est la *précipitation atmosphérique*.

4° Dès que le refroidissement du globe a permis que l'eau y restât fluide, un autre mode de formation a eu lieu par voie humide; c'est la *précipitation aqueuse*.

5° Enfin, après la consolidation de l'écorce, a eu lieu l'*éjaculation,* ou la poussée en dehors d'une portion du liquide intérieur, qui a produit les soulèvements des montagnes et les coulées de roches pyroïdes. Elle s'est répétée plusieurs fois, à des époques souvent fort éloignées. C'est encore aux effets de cette poussée intérieure que nous devons les éruptions actuelles des volcans, les tremblements de terre et tous les phénomènes qui s'y rattachent; enfin, l'existence des sources thermales.

1° Le foyer des sources thermales est à une grande profondeur, puisque les eaux les plus chaudes sont souvent entourées de glaciers; telles sont celles de Louëch dans les Alpes, celles du Jumnotri et autres sources chaudes des monts Himalaya.

2° Le plus grand nombre d'elles existe dans des contrées qui ont subi autrefois l'action du feu, telles que les Cordillières, les Pyrénées, les montagnes de l'Auvergne, ou qui la subissent encore aujourd'hui, comme celles de Naples et de la Sicile.

3° La recherche de leur composition chimique y a fait découvrir, en général, les carbonates de chaux, de magnésie, de fer; les chlorures de *calcium*, de *sodium;* les sulfates de soude, de chaux, de magnésie; des traces de silice; les gaz qu'elles charrient sont d'ordinaire les gaz carbonique, azote, hydro-sulfurique, c'est-à-dire, les mêmes que dégagent les cratères des volcans en activité.

4° La matière végéto-animale ou glairine, qu'on trouve dans presque toutes les eaux sulfureuses, se rencontre aussi dans les eaux d'Ischia, les vapeurs de Solfatara, de Pouzzole et du Vésuve.

5° J'ajouterai que l'eau chaude obtenue récemment au puits artésien de Grenelle semble confirmer encore cette théorie.

Il est donc vraisemblable que les eaux thermales doivent leur chaleur aux feux souterrains.

Cette hypothèse, adoptée par le célèbre De Laplace, et qui paraît la seule admissible dans l'état actuel de nos connaissances, est confirmée par les observations de Humboldt, Cordier, William Fox, Daubuisson, Debuch, etc.[1]; par la distribution géné-

(1) Pendant un voyage que j'ai fait, il y a quelques années, dans le comté de Cornouailles, je suis descendu dans les mines de *Potalak* et dans celles de *Dolcooth*, dont les galeries sont à plus de mille pieds au-dessous du niveau de l'Océan, et j'ai

rale des eaux chaudes sur toute la surface du globe; enfin, par la rapidité avec laquelle agissent sur un grand nombre d'elles à la fois, les tremblements de terre et les éruptions des volcans.

Voici ce que pense des cavernes calcaires de Cusy, dans les Bauges, et des sables aurifères et gemmifères du Chéran, le célèbre géologue M. le vicomte Héricart de Thury, à l'amitié duquel je dois l'excellente carte qui accompagne cet ouvrage, et la communication du précieux mémoire dont l'analyse suit :

Les hautes montagnes des Bauges, dit-il, qui sont situées entre Chambéry, Aix, Annecy et Saint-Pierre-d'Albigny sur Isère, sont d'un calcaire compacte appartenant à la partie inférieure de la grande formation des terrains crétacés. Elles forment deux chaînes à peu près parallèles, se dirigeant principalement du nord-nord-est au sud-sud-ouest. Elles semblent, par la rupture de leurs chaînons brusquement séparés, être le résultat d'une révolution qui a occasionné de

constaté que, dans toutes, la température est d'autant plus élevée qu'on s'y enfonce davantage. Aux mines dites *United-mines*, l'eau des travaux inférieurs m'offrit une température de 8° plus élevée que celle de l'atmosphère. Cette eau devait avoir peu perdu de sa chaleur primitive, car elle jaillit avec une grande rapidité et en volume énorme : la force de la machine à feu, employée pour l'élever, est de 308 chevaux, et son cylindre a sept pieds anglais de diamètre.

grands soulèvements et de vastes affaissements qui ont eux-mêmes produit des crevasses, des abîmes et des cavernes très-étendues et très-profondes.

Les cavernes de Cusy (ou grottes de Banges) sont composées de vastes chambres à trois niveaux ou étages différents, tapissées ou incrustées de grandes et belles stalactites blanches, grises, jaunes et rougeâtres. Dans une de ces chambres du troisième niveau, plus bas de dix ou douze mètres que l'entrée de la première caverne, se trouve un bassin ou lac d'eau vive, dont on ne connaît ni la source, ni la profondeur, ni l'épanchement; il est sans poissons et sujet à des crues qui changent la couleur de l'eau.

Malgré les incrustations d'albâtre jaune très-épais, qui, en augmentant, menacent de fermer, à la longue, les ouvertures des divers étages, la roche calcaire est cependant encore restée à nu dans quelques endroits. Il semble qu'un puissant agent ait dissous cette masse calcaire, en laissant saillants, à sa surface, des corps irréguliers, insolubles.

De toutes les cavernes visitées dans ces régions alpines, par M. Héricart de Thury, il n'en est point, ajoute-t-il, celles des eaux d'Aix exceptées, qui lui aient présenté, d'une manière plus évidente et mieux caractérisée, les preuves de l'action érosive d'un grand courant acide qui aurait usé, sillonné les murs de ces cavernes avec l'action dissolvante la plus puissante, et en même temps avec la force de surgissement la plus impétueuse.

La présence de ces corps insolubles, jointe à celle d'ammonites, de baculites, de trachytes et autres fossiles plus ou moins bien conservés, a conduit M. Héricart de Thury, qui était accompagné, dans son excursion, du savant baron Fourier, alors préfet de l'Isère, à admettre pour vraie cette supposition de Dolomieu, à savoir : celle d'un grand courant ou torrent acide, *qui aurait surgi des entrailles de la terre avec impétuosité, lors du grand tremblement de terre, dont les Bauges présentent des caractères si fortement prononcés dans la dislocation, le bouleversement et le soulèvement de leurs hautes montagnes calcaires.*

L'érosion des parois de ces cavernes, attribuée à l'idée de ce violent courant acide et peut-être bouillant, lui paraît beaucoup plus concluante que la provenance par ces masses calcaires des sables aurifères que charrie le torrent du Chéran, au milieu de la vallée des Bauges, dont le Châtelard est le chef-lieu. Ces sables sont produits par la décomposition des galets, des poudingues et des grès, dont sont formées les roches primordiales gemmifères du Chéran, mais ils ne proviennent point des cavernes de Cusy.

Bien que cette supposition ne laisse aucune chance

pour faire supposer que ces sables auraient été rejetés des entrailles de la terre par l'action volcanique, ainsi que l'avaient conjecturé, dès 1785, De Saussure, et plus tard Dolomieu, il n'en est pas moins vrai, dit M. Héricart de Thury, que l'on peut néanmoins reconnaître quelques effets ou indices de l'action de ces feux souterrains : 1° dans la présence et l'altération de certains blocs de rochers qui se trouvent dans les poudingues primordiaux ; 2° dans certains cristaux vitrifiés qui se trouvent dans les sables gemmifères ; 3° et dans les bois carbonisés qui se trouvent dans les grès micacés.

§ III.

PROPRIETÉS CHIMIQUES.

Analyse. — Quand on considère que les eaux thermales sont généralement adoptées comme moyens de guérison, même dans les maladies qui ont résisté à toutes les ressources thérapeutiques, et que les principes médicamenteux y sont en quantité minime, proportionnellement aux effets qu'ils produisent sur nos corps, on est porté à croire que les cures heureuses qu'elles opèrent sont dues moins à la quantité des éléments fixes et volatils contenus dans ces eaux, qu'à un état de combinaison particulier, ou à l'action de principes qui se sont dérobés jusqu'ici à nos recherches : c'est pourquoi la véritable analyse, celle qui convient spécialement aux médecins des eaux, comme l'a remarqué judicieusement Boirot-Desservier, consiste dans l'observation rigoureuse des effets qu'elles produisent sur l'économie animale.

Le docteur Bertrand, du Mont-Dore, a dit, en parlant des propriétés des eaux thermales : « Sont-elles toutes du ressort de la chimie? Le fluide électrique, le magnétique, le galvanique, la lumière dans tel état, le calorique dans tel autre, s'ils n'agissent pas sur leurs principes constituants, ne concourent-ils pas du moins à l'effet qu'ils produisent, en prédisposant nos corps à les subir? Ces eaux, ainsi transportées dans nos laboratoires, ne sont-elles pas dans une condition presque analogue à celle des fluides extraits de l'économie animale, où l'analyse trouve tout, hormis le principe de vie? » Cette idée déjà émise par Chaptal, lorsqu'il avouait qu'en décomposant les eaux minérales *on n'en disséquait que le cadavre*, sera confirmée par le tableau suivant, dont les analyses disparates serviront aussi à prouver le vague et l'incertitude qui doit exister dans la composition des eaux minérales artificielles. D'ailleurs, toute imitation où l'on n'aura tenu aucun compte de la *glairine*, cet ingrédient si remarquable, que le professeur Dumas a reconnu récemment exister à Aix, *dans un état particulier d'activité moléculaire*, sera nécessairement imparfaite. Elle ne servirait qu'à augmenter le nombre de ces *nymphes bâtardes*, ainsi que les nommait le célèbre Bordeu.

On voit, d'après le tableau ci-joint, que les sources minérales d'Aix forment quatre divisions d'eaux bien distinctes.

1° *Une source sulfureuse thermale*, dite de *Soufre*, de l'espèce des sulfhydriquées d'Anglada.

2° Une autre *source thermale*, dite d'*Alun*, de la classe des *sulfureuses dégénérées ;* le principe sulfureux que ses eaux renferment se détruisant, dans leur cours souterrain, par l'oxygène de l'air qui y circule. Comme elle contient de l'acide carbonique libre, on peut encore la placer parmi les eaux *gazeuses*.

3° Une source sulfureuse froide, dite de *Marlioz*, comprise dans les *sulfureuses sur-sulfhydratées*, parce que l'acide sulfhydrique s'y montre à la fois libre et combiné. C'est à tort qu'on l'a négligée jusqu'ici, cette eau offrant sur les autres l'avantage de pouvoir être transportée sans perdre beaucoup de ses propriétés.

4° Une source *ferrugineuse crénatée*, située à Saint-Simon, près d'Aix, dans laquelle M. Fontan a constaté la présence de l'acide apocrénique.

La source *Fleury* ressemble à l'eau d'alun, sauf

qu'elle exhale parfois une forte odeur d'hydrogène sulfuré.

La source de Soufre est sans contredit la plus importante de toutes, tant par son usage médical que par les phénomènes divers auxquels elle donne naissance. Il faut bien remarquer que l'ingrédient sulfureux s'y trouve tout entier à l'état libre, tandis que presque toutes les eaux sulfureuses analysées jusqu'ici sont minéralisées par un sulfure ou sulfhydrate. C'est en faisant l'étude de ce principe sulfureux dans son mélange avec la vapeur d'eau et en dissolution dans l'eau elle-même, que M. J. Bonjean est parvenu à trouver la solution de plusieurs faits intéressants qu'on n'avait point encore cherché à approfondir. On savait depuis longtemps qu'il se formait de l'acide sulfurique dans beaucoup d'eaux minérales sulfureuses; mais personne n'avait encore démontré, comme il l'a fait, que l'acide sulfhydrique répandu à l'état de gaz dans l'air humide, se convertit en totalité en eau et en acide sulfurique, sans *dépôt de soufre* ni formation préalable d'*acide sulfureux*, et que l'acidification a lieu dans l'air et sans l'intermède des bases; tandis qu'au contraire, lorsque ce gaz est en dissolution dans l'eau, il se décompose au contact de l'air, en *déposant du soufre*. Il a prouvé ensuite, par diverses expériences faites sur la vapeur des eaux de Soufre, en y exposant différents métaux, qu'au milieu même d'un grand excès d'air humide, ces métaux s'emparent du soufre de l'acide sulfhydrique, et empêchent la combustion de ce métalloïde par l'oxygène. Les sulfates de fer et de cuivre, que l'on rencontre dans les diverses parties de l'établissement, proviennent donc de la transformation des *sulfures* en *sulfates*, et non pas de l'action immédiate de l'acide sulfurique; ce que l'on avait toujours pensé [1].

La source de Soufre se distingue encore des trois autres par la présence d'un iodure et d'une assez grande quantité de glairine qui se manifeste, au contact de l'air, à son arrivée dans les douches. Lorsque cette eau se trouve altérée par les pluies ou la fonte des neiges, la glairine est remplacée par une autre substance analogue, appelée par M. Bonjean *glairidine*. Un fait remarquable, c'est que l'eau de Soufre, la glairidine et la *boue d'alun* renferment une combinaison d'iode, tandis que la glairine et l'eau d'Alun elle-même n'en contiennent pas. Enfin, les eaux de Soufre, d'Alun et de la fontaine Fleury contiennent du sulfate de fer, du phosphate de chaux et du

(1) Profitant des conseils de M. le professeur Dumas, je suis parvenu à neutraliser l'action corrosive de cet acide sur la pierre calcaire, le bois et les métaux employés dans notre établissement thermal, en les enduisant d'une peinture au lait, ayant pour base le blanc de zinc et le sulfate de baryte, et en recouvrant cet enduit d'une couche d'huile de lin siccative.

fluorure de calcium. Celles de Soufre et d'Alun seules renferment du carbonate de strontiane. M. le docteur Fontan range les eaux de Soufre et d'Alun parmi celles qu'il a nommées eaux sulfureuses accidentelles.

Selon lui, ces eaux contiennent leur principe sulfureux à l'état de sulfure de calcium, ce qu'il a cherché à prouver par les faits suivants. 1° Lorsqu'on fait bouillir ces eaux trois quarts d'heure, à vase clos, sans aucune communication avec l'air extérieur, il ne se dégage qu'une très-faible portion du principe sulfureux ; la plus grande partie reste dans la liqueur. 2° Lorsqu'on traite par l'acide arsénieux, l'eau reste complétement incolore, tant que cet acide existe seul ; mais si l'on ajoute une goutte d'acide nitrique ou d'acide hydrochlorique, l'eau se colore aussitôt en jaune serin, d'autant moins intense que le principe sulfureux y est moins abondant.

D'un autre côté, M. le professeur Berthier, inspecteur général des mines de France, membre de l'Institut, etc., s'est aussi occupé de nos eaux. L'efflorescence saline spontanée qui se trouve au fond de la grotte des eaux de Soufre a fixé son attention d'une manière toute spéciale : et voici la note qu'il a insérée, à ce sujet, dans la troisième livraison des *Annales des mines* de l'année 1837.

« Cette substance vient de la grotte canaliculaire

d'où sort la source d'eau minérale dite de Soufre. Elle se trouve sur les parois, un peu au-dessus du niveau de l'eau. La grotte est ouverte dans une masse de calcaire argileux et pyriteux.

« La matière saline est en petites masses formées d'aiguilles blanches, juxta-posées, molles et flexibles comme de l'amiante. Lorsqu'on les laisse exposées à l'air, elles deviennent assez promptement d'un jaune d'ocre pâle à la surface, tandis qu'elles restent blanches à l'intérieur. Quand on fond cette matière, elle se fond facilement dans son eau de cristallisation, bouillonne, se dessèche ; et, à la chaleur blanche, elle se change en une masse terreuse d'un jaune pâle, en laissant dégager de l'acide sulfureux et de l'acide sulfurique. Elle se dissout complétement dans l'eau; mais la liqueur est un peu louche, quand les morceaux dissous ont été altérés à la surface. L'analyse a donné :

Alumine	0,100	prenant acide sulfurique	0,233
Magnésie	0,020		0,077
Protoxyde de fer	0,020		0,045
Acide sulfurique	0,463		
TOTAL	0,603		0,355

C'est donc un sulfate triple, composé comme suit :

Sulfate d'alumine	0,333	15 at.	3 at.
Sulfate de magnésie	0,117	15	3
Sulfate de fer	0,085	10	2
Eau de cristallisation	0,465	415 at.	85
TOTAL	1,000		

« Les sels combinés renferment chacun la même quantité d'eau de cristallisation qu'à l'état libre, car on trouve que, dans cette supposition, cette quantité serait de 0,435.

« Cette substance est analogue à l'*alun de plume ;* elle provient en partie de la réaction des pyrites en efflorescence sur la roche calcaire et argileuse qui sert de gangue à celle-ci ; mais, comme on est certain maintenant que le gaz hydrogène sulfuré qui se dégage de l'eau minérale se transforme en acide sulfurique en se répandant dans l'air, on doit admettre que cet acide contribue pour beaucoup à sa production. Les parties des parois de la grotte qui sont formées de pierre calcaire, à peu près pure, sont recouvertes d'une croûte souvent assez épaisse de sulfate de chaux saccharoïde, d'un beau blanc, et dans lequel on ne trouve aucune trace d'autres sulfates. »

La roche des cavernes *Saint-Paul* n'est pas pyriteuse comme celle de la grotte des eaux de Soufre ; M. Bonjean l'a trouvée formée de :

Silicate d'alumine,	0,010
Carbonate de magnésie,	0,014
Peroxyde de fer,	0,015
Carbonate de chaux,	0,961

Voici au surplus l'analyse des Eaux d'Aix, faite tout

récemment par M. Bonjean, pharmacien-chimiste à Chambéry, secrétaire de l'Académie royale de Savoie. L'analyse seule de l'eau de Saint-Simon est de M. Saint-Martin.

SUBSTANCES CONTENUES DANS 1,000 GRAMMES D'EAU.	SOURCES DE			
	SOUFRE (1838)	ALUN. (1838)	S-SIMON (1)	MARLIOZ (1850)
Azote	0,03204	0,08010	traces.	0,012
Acide carbonique libre	0,02578	0,01334	0,00338	0,009
— sulfhydrique libre	0,04140	»	»	0,010
Oxygène	»	0,01840	»	»
Acide silicique	0,00500	0,00430	»	0,006
Sulfure de sodium cristall.	»	»	»	0,204
Carbonate de chaux	0,14850	0,18100	0,00592	0,186
— de magnésie	0,02587	0,01980	»	0,012
— de soude cristall.	»	»	»	0,099
— de fer	0,00886	0,01936	0,00169	0,013
— de manganèse	»	»	»	0,001
— de strontiane	traces	traces.	»	»
Sulfate de soude cristall.	0,09602	0.04240	»	0,043
— d'alumine	0,05480	0,06200	»	»
— de magnésie cristall.	0,03527	0,03100	»	0,028
— de chaux	0,01600	0,01500	0,00127	0,002
— de fer cristall.	traces.	traces.	»	0,010
Chlorure de sodium	0,00798	0,01400	»	0,018
— de magnésium cris.	0,01721	0,02200	»	0,019
— de calcium	»	»	0,00127	»
Phosphate de chaux — d'alumine Fluorure de calcium	0,00049	0,00260	»	»
Iodure de potassium Bromure de potassium Glairine	qté ind.	qté ind.	»	qté ind.
Acide apocrénique	»	»	traces.	»
Perte	0,01200	0,00724	»	0,017
TOTAL	0,43000	0.41070	0,01353	0,429
TEMPÉRATURE THERM. R.	36°	37°	12°	14°

§ IV.

PROPRIETÉS MÉDICALES.

Pour traiter cet article *ex professo*, il faudrait réunir un grand nombre d'histoires de maladies, entrer dans tous leurs détails et les faire suivre de considérations pratiques étendues, ce qui m'entraînerait loin des limites de cet ouvrage. Je m'attacherai donc seulement ici à examiner le mode d'action des eaux d'Aix sur l'économie, et à énumérer les affections qui ont été traitées avec succès par elles ; j'y ajouterai enfin quelques observations pratiques, propres à diriger le médecin et le malade dans leur emploi.

De l'action des eaux en général.

L'action de nos eaux sulfureuses sur l'homme à l'état de santé, de même que sur l'homme malade, est excitante dès qu'on administre ces eaux à une température plus élevée que celle de la chaleur animale. A l'intérieur, elles stimulent la membrane qui tapisse les voies digestives ; et, suivant qu'elles sont plus ou moins digérées, elles augmentent l'appétit ou déterminent l'inappétence, la constipation ou la diarrhée. Prises à l'extérieur, elles accélèrent le pouls, donnent une sorte de fièvre, de l'agitation et finissent par amener de la chaleur à la peau, quelquefois suivie d'une abondante sueur et quelquefois d'un écoulement considérable d'urines. Ce sont ces évacuations mêmes qui servent de crises et amènent la guérison dans un grand nombre de maladies chroniques.

Cependant, quoique cette méthode soit la plus générale, et que l'art de *doser l'excitation minérale* ait fait dès longtemps à Aix des progrès réels, l'expérience a appris récemment à modifier tellement les eaux, qu'il en est résulté un mode de traitement multiple qu'on varie suivant les cas. Moyennant ces additions utiles, qui se perfectionnent chaque année, on peut réduire à trois les espèces de médications suivies actuellement dans nos Thermes.

1° La *médication excitante*, au moyen des douches, des étuves et des bains chauds.

2° La *médication déprimante*, par les affusions tièdes et les bains d'une température au-dessous de la chaleur du sang, longtemps prolongés.

3° La *médication perturbatrice*, au moyen de la douche écossaise, alternativement chaude et froide.

Ces trois manières d'agir ont toujours pour but de répartir les mouvements organiques d'une manière uniforme et générale ; une détente est produite dans la partie où la vitalité se trouvait accumulée, et l'équilibre est rétabli.

En recommandant ces eaux dans un grand nombre

de maladies chroniques, nous sommes loin cependant de dire qu'on en puisse user indifféremment. Ce remède n'est pas innocent, comme le pensent quelques personnes qui n'ont jamais visité nos sources minérales ou qui les ont mal étudiées. En effet, on a vu souvent des individus qui, ayant voulu essayer des douches ou des étuves d'Aix, sans être malades, se sont donné des maux qu'ils n'auraient jamais eus. D'un autre côté, il ne se passe pas d'année que de véritables malades n'aggravent considérablement leur état, en voulant modifier à leur gré le traitement qui leur a été prescrit, ou bien en suivant l'avis des doucheurs ou des doucheuses, que conduit une aveugle routine.

Ce sont des considérations de ce genre et bien d'autres encore qui ont fait dire avec justesse que *les bons médecins faisaient les bonnes eaux.*

Malgré les considérations qui précèdent, et afin qu'on puisse se former une idée plus juste de leur manière d'agir, j'indiquerai : 1° leur action physiologique sur les divers organes et leurs principales fonctions; 2° leur influence sur l'économie, d'après l'âge, le sexe et le tempérament.

Du mode d'action des eaux sur les divers organes et leurs principales fonctions.

Action des eaux sur les organes de la digestion.

L'eau d'Alun, aussi bien que l'eau de Soufre, prises en boisson, dans les proportions convenables, stimulent doucement les voies digestives. Toutes deux provoquent dans l'estomac une sensation agréable de chaleur, et n'excitent pas de vomissements. Il est rare qu'elles pèsent ou qu'elles occasionnent des renvois. L'augmentation d'appétit est un des premiers effets qu'elles produisent. Il n'est pas rare de voir réveiller la sensation de la faim chez des personnes qui, depuis longtemps, l'avaient perdue. Elles augmentent la sécrétion de la bile, qui circule plus librement, et dont l'action se manifeste bientôt par une plus grande énergie dans les fonctions digestives. Ces eaux, de même que celles de Saint-Simon, ne jouissent de propriétés laxatives que lorsqu'on leur donne une action mécanique, en les administrant à forte dose. Bues en grande quantité, elles augmentent la sécrétion urinaire ; de là vient qu'elles soulagent les malades atteints de la gravelle, en leur faisant rendre une portion souvent considérable de graviers. (On peut voir au musée pathologique, que j'ai formé dans l'Etablissement thermal, plusieurs concrétions semblables, rendues par des malades qui buvaient nos eaux.) Quant à la manière d'agir de la source de Saint-Simon, dont on retire tant d'avantages dans la chlorose, l'anémie, les gastrites chroniques et gastralgies, la leucorrhée, etc., elle m'a toujours paru plus tonique et moins stimulante que les eaux de Soufre et d'Alun. Il est aussi une circonstance dont il faut tenir compte dans son action, c'est que se trouvant placée à vingt minutes de la ville, elle devient pour les malades le but d'une excursion matinale à la fois agréable et utile.

Ainsi que l'a prouvé l'analyse, ces trois espèces d'eau ne contiennent qu'une très-petite portion de sels et de particules minérales : aussi faut-il se rappeler qu'on doit en faire usage longtemps, pour comprendre la raison de leur efficacité médicinale. C'est vraisemblablement dans cette impression lente, mais souvent répétée, que consiste une partie de leur puissance curative dans les modifications morbides qu'elles sont appelées à guérir d'une manière douce et sans secousse.

Action des eaux sur l'enveloppe cutanée.

Les deux sources de Soufre et d'Alun, sous quelque forme qu'on les prenne, et pourvu que leur température ne soit pas au-dessous de 26 degrés Réaumur, augmentent la calorification de la peau, ouvrent les pores et provoquent la transpiration.

Si ce mouvement du centre à la circonférence est entretenu plusieurs jours, et qu'on prenne des bains de plus en plus prolongés, ainsi qu'on le pratique à Louësch, la peau devient le siége d'une éruption, à laquelle on a donné le nom de *poussée*, dont il sera question plus tard.

Il est rare qu'on puisse supporter au premier contact la chaleur naturelle de nos eaux. Les personnes nerveuses et irritables étant plus que les autres sujettes à ressentir cet effet, il existe pour elles des bains et des douches mitigées qui leur permettent de prendre ces mêmes eaux sans inconvénient.

La transpiration, qui s'établit surtout lorsque, après la douche, on a soin de se couvrir chaudement, et qu'on boit en même temps quelques verrées d'eau thermale, tend à assouplir la peau, à la rendre plus perméable et la transforme tout entière en une sorte de *crible vivant*, par où s'éliminent les principes d'une infinité de maladies. D'autre part, le bain chaud, la douche et l'étuve, en faisant affluer à la peau une quantité plus considérable de sang et de liquides, en débarrassent les viscères et les organes intérieurs, et produisent une révulsion à la fois mécanique et vitale.

Action des eaux sur les organes respiratoires.

L'excitation produite par l'usage des eaux d'Aix, prises en boisson et en douche, ne se borne pas seulement à l'organe cutané, elle porte encore son action sur la membrane pulmonaire, qui devient le siége d'une exhalation plus active.

Les bains de vapeur surtout paraissent favoriser singulièrement l'expectoration ; de là vient qu'on les emploie avec avantage chez les personnes atteintes de catarrhe chronique.

On ne peut s'empêcher d'attribuer d'ailleurs à l'action sédative des gaz que renferment les eaux, et notamment à celle du gaz azote, les effets calmants qu'elles produisent chez certains asthmatiques, mais principalement dans un grand nombre d'irritations de la gorge, qui menaçaient de dégénérer en phthisie laryngée.

Nous avons vu ainsi des artistes chanteurs recouvrer à Aix l'usage de la voix, après avoir vainement tenté toute autre espèce de remèdes. Il n'est pas douteux que les eaux d'Aix, étant astringentes, ne puissent agir encore, dans ce cas, à la manière du gargarisme de Bennati.

Action des eaux sur la circulation.

On ne peut douter que la portion d'eau absorbée dans les systèmes artériel, veineux et capillaire, n'agisse, à son tour, comme excitant du cœur et des vaisseaux sanguins. Cette action est si évidente qu'elle se manifeste au bout de peu de jours, par une excitabilité plus grande. Un sentiment de chaleur insolite à la peau et surtout aux extrémités, chez ceux qui les avaient ordinairement froides, se fait sentir, les urines deviennent plus chargées ; quelquefois même il y a malaise général, échauffement, insomnie ; et ces symptômes prennent assez d'intensité pour former un véritable accès fébrile. Cet état, loin d'être alarmant, est presque toujours d'un bon augure, il fait présager une guérison prochaine. Voici comment on explique cet effet curatif.

L'ébranlement général, communiqué à l'ensemble de l'économie par cet accès, se fait aussi sentir dans la partie souffrante ; il change le mode de vitalité de l'organe malade, et modifie la composition matérielle de ses éléments. Des sucs qui auparavant embarrassaient le jeu des parties, rentrent dans le torrent de la circulation et vont se déposer à la peau chargée de les éliminer.

On conçoit, d'après ce qui précède, de quelle utilité nos eaux doivent être dans le traitement des maladies provenant de la stagnation du sang dans les veines ou d'une altération de la lymphe.

Action des eaux sur la nutrition.

Quant aux organes destinés à l'assimilation, les eaux n'agissent pas de la même manière chez tous les individus; il est des personnes qu'elles semblent faire maigrir, et d'autres auxquelles elles donnent de l'embonpoint. Aux premières se rapportent celles dont la fibre est molle et chez qui la corpulence tient à un relâchement du tissu cellulaire qui admet un plus grand nombre de particules graisseuses que dans l'état normal.

Les personnes, au contraire, auxquelles les eaux donnent de la corpulence, sont celles qui, quoique douées d'une bonne constitution, se sont émaciées par l'effet de la douleur ou par la faiblesse des vaisseaux qui transmettent les sucs nourriciers jusque dans leurs dernières ramifications.

Dans ces deux cas, les eaux, en redonnant aux organes les forces qui leur manquaient pour accomplir plus parfaitement l'acte de la nutrition, n'agissent pas toujours d'une manière prompte. Ce n'est que deux ou trois mois après leur usage que surviennent les changements que je viens de signaler.

Action des eaux sur les organes de la reproduction.

Des observations qui datent de temps immémorial ont appris que les eaux d'Aix, prises en boisson, en bains et en douches générales ou locales, stimulent et fortifient les organes générateurs. Rien ne prouve mieux cette action que leur efficacité bien reconnue dans la leucorrhée et le catarrhe de la muqueuse urétrale. Je pourrais en outre citer bon nombre de jeunes femmes stériles que nos eaux ont rendues fécondes, en faisant disparaître la faiblesse ou les engorgements de l'appareil utérin. Un autre fait qui vient à l'appui des précédents, c'est qu'il est peu de femmes qui, pendant la cure d'eau thermale, n'aient leurs époques menstruelles avancées de quelques jours; ces évacuations périodiques sont aussi en général plus abondantes et accompagnées de moins de malaise et de douleur.

Action des eaux sur le système nerveux et de leur effet moral.

Après avoir indiqué quel était l'effet des eaux sur la digestion, la circulation, la respiration, l'organe cutané, etc., il nous resterait à dire comment elles agissent sur le cerveau, la moelle épinière et les dépendances du système cérébro-spinal dont l'ensemble régit toute l'économie; mais la crainte de n'avancer que des hypothèses hasardées fait que je n'essayerai pas de soulever ici le voile épais dont sont encore enveloppées les fonctions du système nerveux. Je me bornerai à dire que les eaux tendent à augmenter sa vitalité, et que, si elles ont obtenu du succès dans les paralysies, suites d'épanchement, c'est probablement en augmentant le travail de l'absorption, en détruisant des gonflements, des endurcissements, des compressions ou des collections de sérosités dans la gaîne vertébrale, les cavités des hémisphères cérébraux, etc.

Quant aux affections spasmodiques et aux paralysies qui existent sans lésions organiques, c'est vraisemblablement en rétablissant l'équilibre et le cours ordinaire de l'innervation qu'elles agissent si favorablement. (L'on peut consulter à ce sujet les observations de médecine pratique de mon père, et le *Bulletin des eaux*, publié par moi en 1835 et 1838.)

En examinant les effets physiques des eaux sur nos organes, il est nécessaire aussi de tenir compte des dispositions heureuses qu'une cure d'eau minérale ne peut manquer de faire naître sur le moral des malades. Le changement d'air, d'habitudes, de régime, l'aspect d'une nature nouvelle, l'éloignement des affaires et souvent des causes qui ont déterminé l'affection, tout, dans ces circonstances, semble aider l'action thérapeutique des eaux, et mettre l'esprit dans des conditions favorables à la guérison.

De l'influence des eaux sur l'économie d'après l'âge, le sexe et le tempérament.

De l'influence des eaux d'après l'âge.

Le bain tiède, qui est la forme la plus simple d'administrer les eaux, convient en général à tous les âges, puisqu'il favorise l'exhalation cutanée, sans ébranler l'économie.

L'extrême mollesse qui caractérise l'organisation de l'enfance, la perméabilité extraordinaire de la peau, jointe à la faiblesse propre à cette période de la vie, doivent rendre plus circonspect à son égard et n'exiger que des bains de courte durée. Aussi voyons-nous les enfants s'ennuyer bientôt dans un bain, à moins qu'ils ne puissent y jouer et s'y distraire par le mouvement.

Pour eux, les bains de piscine, dont l'action tonique est encore favorisée par l'exercice, sont préférables à tous les autres. On doit être circonspect à leur égard dans l'usage de la douche et surtout de l'étuve. L'adulte est celui qui supporte le mieux l'usage de ces moyens, sans crainte de s'affaiblir; mais c'est surtout dans l'adolescence et la virilité que les eaux peuvent être prises sous toutes les formes, pourvu que la maladie n'ait pas réduit les individus à un trop grand état de faiblesse, condition dans laquelle il y aurait danger évident.

Nos bains chauds, mais de courte durée, sont surtout utiles aux vieillards, d'après ce précepte de Philostrate, *senectæ hominum balnea calida*, etc., parce qu'ils préviennent, chez eux, des révulsions funestes vers les organes intérieurs, facilitent le jeu des articulations et s'opposent aux maladies de la peau, si fréquentes à cet âge, surtout lorsqu'on a soin de les accompagner des frictions et du massage. Galien, en traitant du régime des vieillards, cite l'exemple de *Telephus* le grammairien, qui parvint à l'âge le plus avancé, « parce qu'il se baignait deux fois par mois en hiver, quatre fois pendant l'été, trois fois dans les saisons intermédiaires, et que ces bains étaient accompagnés d'onctions et de frictions d'une durée médiocre. »

Il est prudent de n'employer pour les vieillards que des douches très-mitigées et des bains de vapeur autant que possible par encaissement, afin de prévenir toute congestion au cerveau. Quant à la douche écossaise, on conçoit que l'endurcissement des tissus, le peu de perméabilité de la peau, la tendance au ramollissement de la masse cérébrale, sont trop grands à cet âge, pour que l'affusion froide prolongée ne leur soit pas plus ou moins contraire.

De l'influence des eaux d'après le sexe.

La constitution particulière et relativement plus faible des femmes exige qu'on emploie pour elles des excitants moins énergiques. Tous les organes et toutes les fonctions sont facilement activées, la mobilité nerveuse prédomine; aussi doit-on mettre beaucoup de circonspection dans l'usage des bains, des étuves et surtout des douches. Leur durée sera plus courte que pour les hommes, et ils seront pris à des intervalles moins rapprochés.

Elles feront bien de ne s'exposer aux douches et spécialement à celles d'Enfer ou de la division centrale de l'Etablissement que quelques jours après et plusieurs jours avant la période menstruelle. Pendant cette époque, il ne convient pas qu'elles se baignent dans l'eau minérale même tiède, car il pourrait en résulter une suppression dangereuse, et elles s'exposeraient aux maladies graves qui en sont habituellement la suite. La boisson des eaux seule leur est permise alors, pourvu qu'elles en diminuent la dose habituelle.

Elles devront s'abstenir, surtout pendant les deux premiers mois de la grossesse, de toute espèce de douches ou de bains d'eau minérale.

Les femmes ayant une sensibilité plus exquise et des tissus plus lâches que les hommes, les bains de piscine paraissent leur convenir de préférence, à raison des actes locomoteurs auxquels elles peuvent s'y livrer. Ceci s'applique plus particulièrement encore aux jeunes personnes, condamnées trop souvent, dans leur enfance, à une inaction qui favorise la débilité musculaire et la disposition lymphatique et nerveuse, sources des nombreuses maladies du système osseux.

De l'influence des eaux d'après le tempérament.

L'expérience prouve que les eaux d'Aix conviennent spécialement aux sujets dont les tissus sont lâches et mous, dont les chairs sont pâles, étiolées, dont la peau est décolorée et flétrie, et qui sont doués d'un tempérament lymphatique. Par l'usage des bains des eaux de Soufre et d'Alun, puis des douches graduées, ils acquièrent bientôt une énergie inaccoutumée; la peau devient plus rouge, mieux nourrie, plus colorée, pour ainsi dire plus vivante, ce qui réagit sur tout le reste de l'économie.

Les autres variétés de tempéraments peuvent aussi, suivant les maladies dont les individus sont atteints, retirer de grands avantages des eaux d'Aix.

Les personnes à tempérament sanguin ont besoin de plus de ménagement, surtout dans l'emploi des douches; car les eaux favorisent chez elles la tendance aux inflammations, et j'ai souvent remarqué que le sang devenait plus couenneux et contenait par conséquent plus de fibrine, sous l'influence de cette médication. Cette observation m'a paru offrir quelque intérêt après les curieux et récents travaux de MM. Andral, Dumas et Gavarret, sur les variations que peut subir la composition du sang.

Les personnes à tempérament bilieux sont plus sujettes que les autres à ressentir des dérangements dans les fonctions digestives, pendant qu'elles font usage des eaux. Elles ne tardent pas, en général, à avoir la bouche amère, à éprouver de l'inappétence pour les aliments ; mais ces symptômes ne doivent en aucune manière alarmer ; ils se dissipent le plus souvent par le repos, et en faisant usage d'une tisane amère rendue légèrement laxative.

Les personnes à tempérament nerveux ont besoin de plus de circonspection encore que les autres, dans l'emploi des eaux. Leur manière de sentir varie tellement, qu'il serait difficile de tracer ici une règle générale de traitement. Le plus souvent, on est obligé d'employer pour elles un traitement mixte, c'est-à-dire, tantôt tempérant par les bains tièdes et amidonnés, tantôt perturbateur au moyen de la douche écossaise. Les aspersions froides m'ont paru quelquefois utiles pour elles, lorsqu'elles étaient plongées dans le bain chaud, et j'ai connu des malades très-nerveux à qui la piscine faisait le plus grand bien, mais qui ne pouvaient la supporter sans cette précaution.

Maladies traitées par les eaux.

Voici l'indication des maladies dans lesquelles les eaux d'Aix sont généralement employées, ainsi que les ont classées mon père et mon aïeul, d'après leur affluence dans notre Établissement. Cette classification est basée sur une expérience de près de cent années.

1° Le rhumatisme.

2° Les maladies de la peau.

3° Les affections scrofuleuses ou lymphatiques.

4° Les maladies chroniques des os.

5° Les syphilides.

6° Les paralysies.

7° Les affections nerveuses proprement dites.

8° Les maladies anomales provenant d'un état général de faiblesse ou d'énervation.

Voici, sur chacune d'elles, le résultat de notre expérience.

I. Le *rhumatisme musculaire* est une maladie trop commune, pour que je doive m'y arrêter longtemps. Mais parmi les rhumatismes articulaires, il en est une espèce tellement spécialisée par sa forme et ses symptômes, que je ne puis m'empêcher d'en dire quelques mots. Cette variété de rhumatisme, qu'on pourrait appeler *rhumatisme articulaire gommeux*, affecte généralement les individus lymphatiques et ceux qui habitent les lieux bas et humides. Les Anglais et les Hollandais en sont fréquemment atteints. Il est caractérisé par un gonflement *blanc* des articulations, une tuméfaction spongieuse qui crépite même quelquefois sous la pression, comme de la gelée épaisse. Cet état est peu douloureux au toucher; mais il ne rend pas moins les membres impotents, tant par l'effet de la dilatation des cartilages, que par l'écartement des espaces inter-osseux; c'est une espèce de *diastasis* spontanée, qui altère constamment les rapports des surfaces articulaires entre elles.

Nos douches en arrosoir avec la plus forte pression (27 pieds), des liniments alcalins, et des pommades iodurées administrées sous l'influence des bains de vapeur, qui en rendent l'action plus pénétrante, une compression sagement mesurée et rendue constante par l'application de bandes de flanelle, forment l'ensemble ordinaire d'un traitement dont l'avantage nous est confirmé par de nombreux succès.

Dans le rhumatisme articulaire et la goutte chronique, qui ont entre eux tant d'affinité, il ne faut recourir aux eaux d'Aix qu'à une époque fort éloignée de l'état aigu. On peut toujours, dans ces cas, espérer du soulagement et l'éloignement des accès, mais rarement une guérison complète.

Lorsqu'il existe des rétractions tendineuses, suite de rhumatisme ou autres causes, nous employons avec avantage, outre la douche, des appareils variés, mais fort simples, destinés à agir en sens inverse de la rétraction. (On peut en voir des modèles dans le Musée pathologique de l'Établissement.)

II. Les *maladies de la peau*, si nombreuses, si variées et presque toujours si rebelles, forment la seconde catégorie des maux pour lesquels on accourt à nos bains. Les eaux d'Aix sont ici employées sous toutes les formes et avec le plus grand succès, en boisson, en étuves, en bains et en douches. Ces moyens ne suffisent pas toujours; souvent il faut y joindre des auxiliaires; et, selon l'âge des malades, leur constitution, la violence et la chronicité du mal, le médecin est obligé de recourir à des dépuratifs intérieurs, ou à des moyens externes qui rendent la peau plus impressionnable à l'action des eaux. Dans ce but, nous avons fréquemment fait entrer, mon père et moi, l'usage de l'électricité, pour le traitement des dartres et de certaines éphélides. Cette médication, combinée avec l'action des eaux, est nouvelle; car nous n'en trouvons aucune trace dans Nairne, dans Bertholon, ni dans les auteurs modernes qui ont traité du fluide électrique comme moyen curatif; c'est pourquoi je me plais à la signaler ici, pour encourager mes collègues à faire de nouveaux essais.

Les maladies de la peau dans lesquelles on obtient

presque toujours du soulagement sont les suivantes : les croûtes laiteuses ou *porrigo; lichen simplex, prurigo mitis, pemphigus chronique, psoriasis, pytiriasis, gale invétérée, eczéma chronique, impetigo.* En général, les dartres pustuleuses sont celles qui guérissent le mieux par les eaux d'Aix. Biett les ordonnaît de préférence aux individus mous et lymphatiques, et il avait raison.

III. Les *affections scrofuleuses* affluent à Aix de plus en plus, chaque année. Ici cependant, comme dans la plupart des maladies invétérées, il est rare que les eaux guérissent *toutes seules.* Le régime, un pansement méthodique, la cautérisation, sont souvent de bons auxiliaires; souvent aussi nous devons y ajouter des pommades iodurées, le massage, une compression graduée, etc. D'autres fois, particulièrement quand les malades se trouvent à l'une de ces époques heureuses appelées *climatériques,* où la nature n'a besoin, pour agir toute seule, que d'être mise en position de le faire, rien ne nous réussit mieux que les bains de natation. L'art seconde alors puissamment les efforts de la nature, il la soutient, et elle opère facilement le mouvement organique universel que Bordeu appelait, d'une manière si juste, un *remontement général de l'économie*, qui produit quelquefois de vrais miracles de guérison.

Les maladies lymphatiques, de même que les affections tuberculeuses, reconnaissent pour causes l'inaction musculaire, les habitudes sédentaires du luxe, l'excès des travaux qui ne mettent en jeu qu'une classe de muscles, en un mot, toutes celles qui affaiblissent, énervent et disposent à la phthisie.

Les bains de natation, dans un milieu aussi tonique qu'est l'eau de nos piscines, en redonnant de la force à tout l'organisme, s'opposent efficacement à ces causes, en même temps qu'ils sont un puissant secours pour combattre la prédisposition aux affections tuberculeuses pulmonaires. Leur avantage est d'autant plus marqué qu'ils aident puissamment au développement de la cavité de la poitrine, dans laquelle se trouve l'organe essentiel qui devient plus souvent le siége des tubercules.

Quant aux tumeurs scrofuleuses, il est rare de les voir se résoudre complétement par le seul usage des eaux.

IV. Les maladies des *os* et des *articulations* sont peut-être celles où nos méthodes thermo-thérapeutiques ont fait faire le plus de progrès à l'art médical. Sans parler des accidents qui suivent les foulures, les fractures, les luxations, pour lesquels, depuis longtemps, on a reconnu l'efficacité de nos eaux, je signalerai d'abord les cas les plus graves des affections osseuses, c'est-à-dire, les luxations spontanées, les tumeurs blanches, la nécrose et la carie. Voici ce qu'écrivait à mon père un médecin de Neufchâtel, le docteur De Castella, placé à la tête de l'hôpital Pourtalès, en lui parlant de deux malades à qui l'on devait amputer le bras pour une carie du coude, qui avait eu pour principe une tumeur blanche dégénérée. « Vos eaux ont fait un vrai miracle chez Mlle B., dont le bras est tout à fait guéri. Je ne pouvais pas en croire mes yeux, quand je l'ai revue; plus de carie, plus de fistules, plus d'ulcères. Une demi-ankylose, belle et bonne, remplace ces maux qui, à mon avis, ne pouvaient céder à aucun traitement et exigeaient nécessairement l'amputation du bras. Recevez, mon cher confrère, mon compliment bien sincère de cette belle cure... Désormais on n'osera plus tenter d'amputation avant d'avoir essayé l'efficacité des eaux d'Aix, pour ces sortes de maux, et vos bons soins... Voilà trois cas de guérison bien remarquables que j'ai vu opérer par vous : une fille de B.., avec tumeur blanche ulcérée au genou, la femme D... et Mlle B... » (Deux de ces cas se trouvent représentés en cire au Musée pathologique de l'Établissement.)

Un autre cas non moins remarquable est celui du docteur Bremont, du Pont-Saint-Esprit, resté impotent à la suite d'une luxation du fémur.

M. Bremont, âgé de cinquante ans et d'une forte

constitution, montait un cheval rétif qu'il voulut dompter. Le cheval se cabra, le cavalier glissa sur sa croupe, et dans cet instant l'animal tomba de tout son poids sur M. Bremont. Le choc fut violent; la cuisse droite, portant à faux, fut déboîtée, et la jambe se raccourcit bientôt de plusieurs pouces. Ce ne fut que vingt-cinq jours après l'accident que la tête du fémur put être remise dans sa cavité. Il dut résulter de nombreux accidents de cet état de choses; mais enfin, la période d'irritation passée, vint celle d'amaigrissement, de faiblesse et d'impotence. M. Bremont arriva à Aix trois mois environ après l'accident; il ne pouvait faire alors aucun mouvement de progression sans aide, ni se tenir debout sans appui... Dix douches le mirent sur pied; vingt douches lui permirent de quitter une de ses béquilles et de se promener avec l'autre dans son appartement. Trente douches ont suffi pour lui permettre de les quitter toutes deux, et, dès le mois suivant, il a pu reprendre son service médical au Pont-Saint-Esprit, ne conservant plus de son accident qu'une légère claudication.

Les entorses, les fausses ankyloses, les sinus fistuleux avec carie des os, ainsi que les exostoses vénériennes et autres, guérissent à Aix; mais il faut souvent plusieurs mois pour y parvenir.

Dans les *plaies d'armes à feu*, l'action des eaux est

beaucoup plus prompte, l'élimination des corps étrangers et des esquilles commence dès les premiers bains. Semblables à celles de Barèges, elles favorisent la formation des cicatrices, et fortifient celles qui, tendres encore, ont besoin d'être raffermies.

V. J'appellerai ici *syphilides* toutes les affections dans lesquelles le virus vénérien joue un rôle, quels qu'en soient la *forme*, l'*aspect* et les *complications*. Il existe, au sujet de ces maladies, un préjugé contre nos eaux, et il importe d'autant plus de le détruire, qu'il éloigne des établissements thermaux bien des personnes pour la guérison desquelles l'usage des eaux sulfureuses est un auxiliaire *indispensable*.

Je ne m'occuperai pas ici de discuter les opinions des auteurs sur la nature de ce mal et sur les modifications que peuvent y apporter les diverses complications dont il est susceptible; les discussions sont oiseuses quand les faits parlent; mais, en résumant les résultats de mon expérience et de celle de mon père qui, le premier, a fait marcher ensemble, pour ce genre de traitement, les bains, les étuves, la boisson des eaux et les diverses préparations mercurielles, j'affirmerai avec certitude, que nous guérissons à Aix presque *toutes* les affections chroniques de ce genre, quelles que soient leur forme et leur intensité, quand on veut apporter à la cure le temps et la persévérance convenables. J'ajouterai de plus, comme un point fort important de pratique, *qu'il ne faut jamais interrompre* un traitement commencé, dès qu'il agit sur le mal d'une manière manifeste ; en effet, si l'on vient à interrompre intempestivement la marche progressive du mieux, nous observons qu'il faut toujours, quand on reprend la cure, un temps beaucoup plus long pour obtenir les mêmes résultats.

Les syphilides qui affectent les formes tuberculeuses et squammeuses sont celles qui m'ont paru guérir à Aix le plus promptement. Dans les formes les plus singulières et les plus voilées des maladies vénériennes, et lorsqu'on ne saurait que les soupçonner, les eaux les développent et permettent de les traiter ensuite efficacement. Dans ce genre d'affection, de même que dans la *pseudo-syphilis*, elles remédient aux ravages du mercure administré sans ménagement, et en réparent les pernicieux effets.

VI. Les *paralysies* que nous avons eu à soigner depuis huit ans ont été fort nombreuses. Nous en avons vu de toute espèce : des hémiplégies, des paraplégies récentes, anciennes, idiopathiques et symptomatiques, et nous les avons toutes traitées avec plus ou moins de succès. Parmi ces dernières, je signalerai d'une manière plus spéciale les paralysies résultant de la maladie vertébrale de Pott. La condition essentielle pour leur guérison est d'arriver aux eaux en *temps opportun*. Trop tôt, c'est-à-dire lorsqu'il existe de la *turgescence* inflammatoire, ou quand le mal n'a pas été circonscrit ou arrêté dans sa marche, on ne peut administrer les eaux avec succès, parce qu'il est impossible de le faire avec la force nécessaire pour rappeler la vie dans les membres rendus paralytiques par la compression de la moelle épinière ou du cerveau. Trop tard, c'est-à-dire lorsque le mal est parvenu à son plus haut période, et quand les muscles sont émaciés, ou qu'il existe un ramollissement de la masse céphalo-rachidienne, il est au-dessus des ressources de l'art.

Un cas de paralysie dont la guérison a marché avec une rapidité bien remarquable, est celui de Mme N..., de Seyssel. Frappée d'hémiplégie en août 1834 et traitée convenablement dès le début, le bras seul était resté sans mouvement et avait perdu toute sensibilité, lorsqu'elle arriva à Aix, dans le courant de juillet 1835. Traitée par la douche à forte percussion, la glace sur la tête, l'électricité, le massage, la brosse et des embrocations huileuses volatiles, la malade ne tarda pas à en éprouver les plus heureux effets. La première douche rappela le mouvement dans l'épaule et la sensibilité jusqu'au coude ; la seconde rendit le mouvement aux muscles du bras et la sensibilité jusqu'au poignet ; la troisième procura du mouvement à l'avant-bras, et ramena la sensibilité jusqu'à l'extrémité des doigts ; enfin, à la quatrième, la malade quitta son écharpe, et bientôt elle ne conserva plus rien de sa paralysie que le souvenir.

Les paralysies partielles qui sont la suite de coups, de chutes, de coliques saturnines, de maladies longues, de fièvres typhoïdes, etc., sont quelquefois guéries par nos eaux ; mais elles le sont presque toujours radicalement, lorsqu'elles sont la suite d'une répercussion de maladie cutanée.

Dans certaines paralysies locales nous avons employé avec avantage, en même temps que les eaux, la machine *électro-dynamique* de M. Bonijol, de Genève, et celle de Lebreton, de Paris.

VII. Un ordre de *névroses* très-commun aujourd'hui parmi les baigneurs, c'est la nombreuse classe des affections spasmodiques. C'est aussi l'une de ces catégories des infirmités humaines pour lesquelles autrefois on ne venait jamais à Aix, et c'est dans le traitement de ces singulières affections que les bains prolongés, les étuves, la natation, la méthode perturbatrice de la douche écossaise et l'électricité procurent de grands avantages. Nous avons traité avec succès, par une sage combinaison de ces divers moyens, plusieurs cas de névroses épileptiformes, une éclampsie, des danses de Saint-Guy, des tics douloureux, des affections hystériques, des gastralgies, des névroses localisées dans différents appareils organiques de l'abdomen.

En 1835, Mme A..., épouse d'un ingénieur français, a présenté un cas remarquable de guérison de névrose. La maladie débuta chez elle par le clignotement des yeux et des paupières, auquel se joignirent bientôt des mouvements convulsifs des différents muscles de la face. Ces mouvements n'étaient accompagnés d'aucune douleur; mais augmentant peu à peu, ils avaient fini par la gêner sensiblement pour lire, pour travailler de ses mains et pour se livrer à ses occupations domestiques. Enfin, cette affection durait depuis six années, lorsqu'une douleur rhumatismale amena, l'été dernier, Mme A.... à Aix. Ayant réclamé les soins de mon père, ce dernier, connaissant le puissant effet qu'exerce l'électricité sur l'appareil qui préside à l'innervation, lui proposa de guérir tout à la fois le tic et le rhumatisme. Les premiers essais furent tellement heureux qu'elle sollicitait chaque jour l'administration de plus fortes étincelles, en même temps que les eaux en boisson, en bains et en douches agissaient directement sur le rhumatisme, et secondaient puissamment les effets de l'électricité. Un traitement de trois semaines a suffi pour faire disparaître tout à fait le mouvement convulsif.

Dans la *sciatique* ou névralgie *fémoro-poplitée* on n'obtient du soulagement à Aix que par une médication douce et graduée; les frictions violentes, qu'on employait autrefois, sont aujourd'hui complétement supprimées; on les a avantageusement remplacées par l'*irrigation continue*, les bains très-tempérés et l'étuve. (Sur 50 malades atteints de sciatique, 34 sont partis dans un état apparent de guérison; les autres ont été plus ou moins soulagés, à l'exception de trois qui étaient d'un tempérament très-nerveux et chez qui le mal s'est exaspéré.)

Quant aux *hypocondriaques*, si ingénieux à se tourmenter eux-mêmes, ils trouvent dans les eaux, autant que dans les distractions nombreuses que leur offre le séjour d'Aix, un remède efficace à leurs maux.

Un état que j'ai vu quelquefois considérablement amendé par la douche écossaise, sagement administrée, c'est la *susceptibilité nerveuse*, lorsqu'elle existe comme le prodrome ou l'avant-coureur des névroses proprement dites. Je veux parler de cet état remarquable où *chaque impression un peu vive qu'on ressent touche aux limites de la douleur*. Ceci est d'autant plus important que cet état d'irritabilité habituelle physique et morale ne constitue à lui seul que la période d'imminence d'une classe de maladies très-difficiles à guérir, et que c'est dans cette période surtout qu'il est donné au médecin de pouvoir conjurer l'orage, en régularisant l'influx nerveux et les forces organiques qui en dépendent.

Le succès dépend ici de la graduation de température de la douche écossaise, qui est presque la seule employée; car si la masse d'eau qui sert à l'affusion, ainsi que sa température, ne sont pas parfaitement en rapport avec la sensibilité du sujet, on risque d'aggraver ses maux. Le médecin, dans ce cas, ne saurait s'en rapporter aux doucheurs, et il est presque toujours obligé de graduer l'eau lui-même.

VIII. *Maladies anomales que constitue un état général de faiblesse ou d'énervation.* L'état pathologique qui accompagne ces sortes de maladies n'étant pas toujours le même, on ne saurait déterminer d'une manière précise les symptômes qui le constituent ou le caractérisent; ce n'est pas un mal local, souvent même on ne saurait dire qu'il existe une indisposition réelle, générale ou particulière. Mais le malade sent qu'il est au-dessous de son état *moyen* de santé; il est abattu, affaibli; tantôt ce sont des sueurs atoniques qu'il éprouve; d'autres fois c'est un état de pâleur et de chlorose. Chez ceux-ci ce sont les organes de la digestion qui souffrent, chez ceux-là ce sont les organes des cavités thoracique et abdominale : ces derniers cas en imposent presque toujours pour le *spinitis*. Ici, c'est un empâtement général du tissu cellulaire sous-cutané, qui se laisse abreuver de *sérum*, faute de ton et de vitalité ; là, c'est un étiolement analogue à celui des plantes, qui fait que la charpente osseuse ne peut soutenir la masse des parties molles. Chez quelques-uns, c'est le développement de la puberté qui se fait avec peine ; chez tous enfin, il y a faiblesse générale, apathie, découragement.

Dans ces circonstances, et quelle que soit la lésion organique qui préside à cet ordre de symptômes, rien n'est plus utile que la douche vive, mais de courte durée, la natation dans l'eau thermale, la douche écossaise et la méthode perturbatrice. C'est par des moyens aussi simples que nous sommes parvenus à prévenir les déformations de la taille chez de jeunes personnes qui en étaient menacées. On comprendra surtout ici l'avantage de nos piscines, lorsqu'on se rappellera qu'une étude approfondie des moyens mécaniques et gymnastiques destinés à agir sur l'épine dorsale, en sens inverse de la pesanteur, ont amené les médecins qui s'occupent le plus des difformités, à prononcer que la seule position horizontale modifie les courbures presque aussi puissamment que tous les moyens mécaniques proposés pour la cure des déviations de l'*épine*. En tête des exercices qui ont lieu dans la position horizontale, ils ont placé la natation, à cause de l'influence salutaire qu'exerce un milieu tonique dont l'agitation variable détermine sur la peau une friction universelle.

C'est enfin par ces mêmes moyens, modifiés selon l'occurrence, que nous avons vu cesser, comme par enchantement, des palpitations, prises à tort pour des anévrysmes, des hémorrhagies passives, des leucorrhées, la stérilité, suite de la faiblesse des organes utérins, des œdèmes et des bouffissures de la peau, l'incontinence d'urine des enfants au lit, l'aménorrhée et la chlorose.

Maladies dans lesquelles les eaux sont nuisibles.

Il est des maladies pour lesquelles les eaux d'Aix sont contre-indiquées, et des personnes auxquelles elles ne valent absolument rien ; telles sont celles qui sont atteintes d'affections aiguës et d'un grand excès d'irritabilité ; celles qui sont d'une complexion débile et cachectique, ou épuisées par des pertes et de longues souffrances ; celles qui ont une tendance au *carus* et autres affections soporeuses ; celles qui son sujettes à l'hémoptysie ou aux congestions cérébrales ; celles qui sont atteintes d'abcès internes, d'hydropisie de poitrine, d'anasarque.

Elles sont nuisibles, en général, aux personnes très-grasses ou pléthoriques, dans les anévrysmes du cœur et des gros vaisseaux, les épanchements sanguins ou séreux dans les cavités, et dans toutes les dégénérescences squirrheuses ou cancéreuses.

On doit les défendre aux poitrinaires, lorsqu'il y a fièvre lente ou hectique, amaigrissement général, sueurs nocturnes et partielles, diarrhée, en un mot, lorsqu'ils ont atteint la seconde ou la troisième période de la phthisie pulmonaire.

Enfin, il est un certain nombre de maladies pour lesquelles il serait nuisible de prendre les eaux d'Aix d'une manière continue. Ceci a lieu quand le malade est d'une constitution délicate, nerveuse et facilement irritable ; lorsque, pendant la cure, les forces diminuent d'une manière sensible, lorsqu'il survient des pesanteurs de tête, des vertiges, de l'inappétence pour les aliments ; alors il faut nécessairement un jour ou deux, et même davantage, entre le bain, la douche ou l'étuve. On peut même établir, en thèse générale, qu'il faut interrompre l'emploi des bains de quelque espèce qu'ils soient, dès qu'on perd les forces, le sommeil ou l'appétit.

RÉSUMÉ.

J'ai cru ne pouvoir mieux terminer cet aperçu sur les propriétés médicales de nos eaux, qu'en présentant le résumé suivant des maladies que j'ai observées à Aix pendant huit années consécutives. Ce tableau m'a paru assez clair pour ne pas nécessiter de commentaires. Je me bornerai seulement à faire observer que si le chiffre des guérisons est faible en apparence, c'est que, pour être vrai, je n'ai dû signaler que celles qui m'étaient bien connues et en omettre peut-être un grand nombre qui ont eu lieu après l'usage des eaux, mais sur lesquelles je n'avais pu recueillir que des renseignements incertains.

TABLEAU SYNOPTIQUE

de maladies observées à Aix pendant huit années consécutives.

MALADIES.	GUÉRIES.	AMÉLIORÉES.	STATIONNAIR.
I. Rhumatismales...........	104	231	47
II. de la Peau...............	40	63	59
III. Lymphatiques............	63	39	5
IV. Chroniques des os........	38	42	12
V. Syphilitiques.............	23	47	1
VI. Paralytiques.............	13	39	3
VII. Nerveuses...............	15	19	0
VIII. Anomales................	17	34	16
Somme totale....	313	514	144

CHAPITRE II.

SERVICE DES BAINS.

Les billets de bains, douches et autres, dont le prix est indiqué ci-dessous, sont pris chez le caissier de l'Établissement, auquel ils sont payés comptant par le baigneur. Si celui-ci ne les emploie pas tous pendant son séjour à Aix, le caissier rembourse, à présentation, ceux qui lui sont rendus.

TARIF

DES DOUCHES, VAPEURS ET BAINS.

—

DIVISION DES PRINCES ET NOUVELLE DOUCHE ÉCOSSAISE PRÈS LA DIVISION D'ENFER.

	fr.	c.
Douche avec doucheurs et porteurs..................	2	»
Douche avec doucheurs sans porteurs...............	1	60
Douche avec porteurs sans doucheurs...............	1	60
Douche sans doucheurs ni porteurs..................	1	15
DIVISION DES THERMES ALBERTINS.		
Douche avec doucheurs et porteurs..................	1	80
Douche avec doucheurs sans porteurs...............	1	40
Douche avec porteurs sans doucheurs...............	1	40
Douche sans doucheurs ni porteurs..................	»	95

DIVISION CENTRALE ET D'ENFER,

excepté la douche neuve.

	fr.	c.
Douche avec doucheurs et porteurs..................	1	50
Douche avec doucheurs sans porteurs..................	1	10
Douche avec porteurs sans doucheurs..................	1	10
Douche sans doucheurs ni porteurs..................	»	65

VAPEUR.

Vapeur sans porteurs..................	1	»
Vapeur et porteurs..................	1	65

BAINS DE PISCINE.

Bain sans linge..................	1	»
Bain et linge..................	1	25
Bain et porteurs sans linge..................	1	45
Bain avec porteurs et linge..................	1	70

BAINS TEMPÉRÉS.

Bain sans linge..................	1	»
Bain et linge..................	1	25
Bain et porteurs sans linge..................	1	45
Bain avec porteurs et linge..................	1	70
Douche ascendante..................	»	40

THERMES BERTHOLLET.

Vapeur sans porteurs..................	1	»
Vapeur avec porteurs..................	1	45
Bain et douche pour un cheval..................	»	25

SERVICE D'EXEMPTION.

Douche avec doucheurs et porteurs..................	»	85
Douche avec doucheurs sans porteurs..................	»	45
Douche avec porteurs sans doucheurs..................	»	45
Bain ou piscine avec linge..................	»	25

SERVICE DES PAUVRES ÉTRANGERS.

DIVISION DES PRINCES.

	fr.	c.
Douche avec doucheurs et porteurs...............	1	»
Douche avec doucheurs sans porteurs...............	»	80
Douche avec porteurs sans doucheurs...............	»	80
Douche sans doucheurs ni porteurs...............	»	60

DIVISION DES THERMES ALBERTINS.

Douche avec doucheurs et porteurs...............	»	90
Douche avec doucheurs sans porteurs...............	»	70
Douche avec porteurs sans doucheurs...............	»	70
Douche sans doucheurs ni porteurs...............	»	50

DIVISION CENTRALE ET D'ENFER.

Douche avec doucheurs et porteurs...............	»	75
Douche avec doucheurs sans porteurs...............	»	55
Douche avec porteurs sans doucheurs...............	»	55
Douche sans doucheurs ni porteurs...............	»	35

VAPEUR.

Vapeur et porteurs...............	»	50
Vapeur sans porteurs...............	»	75

BAINS DE PISCINE.

Bain sans linge...............	»	50
Bain et linge...............	»	65
Bain et porteurs sans linge...............	»	75
Bain avec porteurs et linge...............	»	85

BAINS TEMPÉRÉS.

Bain sans linge...............	»	50
Bain et linge...............	»	65
Bain et porteurs sans linge...............	»	75

	fr.	c.
Bain avec porteurs et linge	»	85
Douche ascendante	»	20
THERMES BERTHOLLET.		
Vapeur sans porteurs	»	50
Vapeur avec porteurs	»	75
GRAND BASSIN.		
Piscine	»	65
Bain et douche pour cheval	»	25

Toute personne qui désire faire usage des bains, des vapeurs ou des douches dans l'intérieur de l'Etablissement, doit s'adresser au caissier, et retirer de lui un ou plusieurs billets en les payant comptant, suivant le tarif annexé.

Les baigneurs, munis de leur billet, qui indique l'espèce de douche, bain ou vapeur dont ils veulent faire usage, font inscrire par l'huissier, à la suite l'un de l'autre et sans lacune, leurs noms dans *la feuille de la division*. Ils échangent au bureau du contrôleur leurs billets en contre-marques, qu'ils doivent présenter aux doucheurs ou aux doucheuses du cabinet.

Les domestiques peuvent faire inscrire les noms de leurs maîtres, ainsi que les sécheurs ou sécheuses des pensions.

On ne peut se faire inscrire que le jour même où l'on prend la douche, le bain ou la vapeur.

Les baigneurs se succèdent dans les cabinets de douches et bains, dans l'ordre de leur inscription. Les huissiers font entrer dans le cabinet de douche ou de bain les premiers inscrits. Ils les appellent de suite et successivement les uns après les autres.

Au fur et à mesure que les baigneurs entrent dans les cabinets, l'huissier tire un trait sur leurs noms, de manière à laisser la possibilité de les lire. Si le baigneur inscrit, et appelé deux fois (savoir, lors de l'entrée du baigneur qui le précède, et au moment de l'évacuation du cabinet), ne se présente pas, l'huissier doit écrire vis-à-vis de son nom, sans le rayer, le mot *absent*, et appeler de suite le baigneur inscrit après lui.

Le baigneur, en entrant dans le cabinet ou dans la piscine, doit remettre aux sécheur, sécheuse, doucheur ou doucheuse, sa contre-marque, qui est placée immédiatement dans la boîte fixée au mur pour cet objet.

Un billet ou une contre-marque de la Division des Princes ou de la nouvelle Douche Ecossaise, de la Division d'Enfer, peut servir pour les Thermes Albertins et la Division du Centre et d'Enfer ; et les billets ou les contre-marques de la Division des Thermes Albertins peuvent servir pour la Division du Centre et d'Enfer, la nouvelle Douche Ecossaise exceptée.

CHAPITRE III.

De l'usage des eaux thermales.

§ I.

MANIÈRE D'ADMINISTRER LES EAUX.

Les divers modes d'administrer les eaux peuvent se réduire aux suivants : la *boisson*, la *douche*, le *bain* et l'*étuve*. Nous allons successivement parler de ces quatre manières d'en faire l'application au corps humain, telles qu'elles se pratiquent à Aix.

Boisson. — Ce sont les eaux de la source Saint-Paul qu'on emploie principalement en boisson. Cette préférence leur est accordée sur celles de Soufre, parce qu'elles sont généralement plus chaudes, moins pesantes à l'estomac et moins désagréables à boire. On les prend depuis un verre de huit à dix onces, jusqu'à six, huit, dix, et même douze dans la journée. Ce traitement dure quinze à vingt jours ; il est rarement administré seul, c'est-à-dire sans douche ni bain. Dans tous les cas, il convient de les prendre le matin, à jeun, et près de la fontaine, afin d'éviter la déperdition des gaz et du calorique. Lorsqu'on les laisse refroidir, leur goût devient fade et nauséabond.

Pour faciliter le passage des eaux, il est utile de se promener au grand air. Cette précaution, trop négligée sur le continent, forme un objet important de la thérapeutique anglaise. J'en ai vu les plus heureux effets aux bains de Bath, de Cheltenham et de Brihgton. On peut encore y joindre l'exercice à cheval, qui est généralement avantageux par la secousse légère qu'il imprime à tous les organes sécréteurs.

L'intervalle qu'il faut laisser entre chaque verre d'eau varie avec la force digestive de l'appareil alimentaire. Dix minutes suffisent généralement ; mais on doit toujours attendre que la digestion du premier verre soit faite avant d'en prendre un second, et ainsi de ceux qui suivent.

L'âge et l'idiosyncrasie du malade influent tellement sur nos eaux, qu'il n'est pas rare de leur voir produire la constipation. Autrefois on remédiait à cet inconvénient, en administrant de temps à autre quelques gros de sels neutres dissous dans l'eau thermale; on y supplée aujourd'hui par l'eau de Sedlitz, l'eau de magnésie, les pilules laxatives, ou la limonade anglaise.

Une heure ou deux après avoir bu sa dernière verrée d'eau thermale, le malade fait un déjeuner léger, si les eaux ont tellement excité son appétit qu'il ne puisse attendre le premier repas. Ce déjeuner consiste en un bouillon, du vin vieux du pays, qu'on a soin d'édulcorer avec du sucre ou du sirop ; du vin de Malaga, dans lequel on trempe une mouillette ou un biscuit ; enfin, du chocolat ou du café.

Les eaux sont quelquefois coupées avec du lait, de l'eau de poulet ou de veau, des sirops béchiques ou rafraîchissants, lorsqu'elles déterminent de l'irritation, comme on le voit assez souvent dans l'asthme, le catarrhe chronique, la dyspepsie, etc.

Les cas où on les emploie spécialement en boisson sont la chlorose, la leucorrhée, le catarrhe vésical, les sables ou graviers de la vessie, qu'il n'est pas rare de voir expulser, quoique assez volumineux, par le seul effet de la boisson des eaux ; certaines névroses de l'appareil digestif, la dyspepsie sans phlogose locale, l'ictère chronique, l'asthme, le catarrhe des vieillards, la phthisie pulmonaire à son début, la dysménorrhée. J'ai combattu avec avantage, par l'eau ferrugineuse de Saint-Simon, les gastrites chroniques, les pâles couleurs, l'anémie, la leuchorrée, certaines ophthalmies, et le catarrhe vésical.

Douche. — La douche, *affusio* des Romains, consiste à exposer une ou plusieurs parties du corps à la percussion d'une colonne d'eau, dont le diamètre varie selon le besoin, et qui, suivant la hauteur de sa chute, frappe avec plus ou moins de vitesse ou de force. On y joint ordinairement l'immersion des pieds dans l'eau chaude : cette précaution est souvent indispensable pour détourner le sang de la tête et prévenir les congestions cérébrales.

L'eau thermale alimente les douches par sa chute naturelle et sans être refroidie ni battue par le jeu d'une pompe. Elle est conduite dans les cabinets au moyen de tuyaux de plomb, dont l'orifice est terminé par un robinet à clef. Des ajutages et des jets de divers calibres en modifient la veine liquide, au moment de son application. Ici c'est une nappe d'eau; là, une gerbe de filets divergents; quelquefois une multitude de jets se réunissant vers un même point; plus loin, une pression de 25 à 30 pieds qui fait exercer à l'eau passant au travers de la pomme d'arrosoir, l'action d'une brosse vigoureuse, dont les effets pénètrent jusque dans l'épaisseur des organes.

Les ajutages variés dont on se sert à Aix, les tuyaux flexibles en cuir qui y sont adaptés, permettent d'appliquer les douches à toutes les parties, à toutes les régions du corps, et d'en modifier l'effet, pour ainsi dire, à l'infini.

La colonne d'eau peut se diriger verticalement, horizontalement ou d'une manière oblique. Le plus souvent elle agit de haut en bas, c'est-à-dire dans le sens de la force de gravitation; d'autres fois cette colonne agit en remontant, c'est alors une douche ascendante, et on l'emploie de cette manière pour l'intérieur du nez, des oreilles, du rectum, etc.

On peut néanmoins rapporter toutes les douches que l'on a coutume d'administrer à Aix, aux douze ou quinze espèces suivantes. D'après sa température, la douche est *chaude*, *froide* ou *mitigée*. D'après sa direction, elle est *verticale*, *ascendante* ou *oblique*. D'après son application au corps et l'étendue de la région qu'on y soumet, elle s'appelle *générale* ou *locale;* enfin, les eaux de *Soufre froides* et d'*Alun* s'administrent *seules* ou *mélangées*, et on peut à volonté en adoucir le choc ou le laisser avec toute sa force de pression. Dans ce dernier cas, la douche prend le nom de *grande chute*.

Une des conditions essentielles pour pouvoir retirer le plus grand effet d'une douche, c'est de bien affermir la partie qu'on y soumet. Il faut donc que cette partie soit appuyée et le corps soutenu. Le malade y est généralement assis sur une escabelle, ou étendu sur un coussin de paille ou de crin. Les paralytiques sont placés dans un fauteuil adapté à leurs infirmités.

Les personnes affectées de coxalgie et de maladies articulaires qui leur interdisent tout mouvement, sont transportées sur des cadres en toile claire ou canevas, au moyen desquels on peut administrer la douche au malade, le porter de son domicile à l'établissement et le reporter ensuite, sans qu'il soit nécessaire pour cela de le déplacer de cette sorte de litière.

La température de la douche varie suivant les indications à remplir. Il en est de même de sa durée : en général, elle est de quinze à vingt minutes. Pour les personnes sensibles et irritables, huit ou dix minutes suffisent, et souvent même c'est beaucoup trop. Les douches locales seules se prolongent indéfiniment : mais, dans tout traitement méthodique, il faut marcher avec prudence et n'augmenter la douche en durée et en force que graduellement.

L'effet de la douche peut encore être infiniment modifié par des moyens auxiliaires concomitants, tels que les frictions à la main ou à la brosse, le massage, la flagellation, l'alternat entre le bain et des jours de repos.

L'action de la douche sur la surface cutanée, la réaction qui en résulte sur les divers systèmes de l'économie, ainsi que les changements amenés par l'irradiation dans les centres nerveux, doivent être, pour le médecin des eaux, un objet important de méditation. En effet, si, dans la douche ordinaire, la peau s'anime, se colore ; si le réseau capillaire se dilate et s'épanouit ; si les houppes nerveuses du derme acquièrent une plus grande sensibilité, qui se transmet aux organes sous-jacents ; si l'action des organes sécrétoires et excrétoires en est augmentée ; si la circulation du sang est accélérée ; si, enfin, tout cet ensemble de symptômes produit un véritable accès fébrile factice qui se termine par une sueur abondante : que ne peut-on pas attendre de ses effets thérapeutiques, soit pour éliminer du corps les principes morbifiques qui l'entachent, soit afin d'y produire des absorptions et des crises salutaires, pour lesquelles la nature toute seule se trouvait impuissante !

A Aix, le malade se présente à la douche, avec son sécheur qui a dû se munir du billet de bain et du numéro d'ordre. Quand son tour est arrivé, il entre, son sécheur le déshabille et emporte ses vêtements. Alors le malade est conduit dans le bassin par les doucheurs (ou les doucheuses, si c'est une femme) ; il se place sur l'escabeau ou la chaise qui lui convient, et se couvre ordinairement les épaules d'une pièce de flanelle en forme de châle. Les doucheurs dirigent d'abord leur *cornet* sur ses pieds, et lui font parcourir successivement les différentes parties du corps, en s'arrêtant de préférence aux régions qu'il leur indique. Ils y joignent presque toujours les frictions à la main ou à la brosse : ils massent ensuite, pressent et *pétrissent* les membres en tout sens, ils leur font exécuter des mouvements d'extension et de flexion; ils les secouent légèrement; puis ils exercent, s'il est besoin, sur l'abdomen, des frictions douces qui procurent une espèce de ballottement aux organes qu'il renferme, et par là en favorisent les sécrétions et le jeu.

Le temps fixé par le médecin étant écoulé, le malade sort de la douche; on l'essuie avec des serviettes, on l'enveloppe d'abord d'un drap, et mieux encore d'une grande robe ou peignoir de flanelle, puis d'une couverture en laine; on lui passe des serviettes autour de la tête et des pieds, et placé dans une chaise à porteurs qu'on ferme exactement, il est ainsi transporté jusque dans son lit.

La sueur qui succède à la douche dure communément une heure ou deux. On la favorise en prenant un bouillon très-chaud ou quelques verres d'eau thermale. Le paroxysme fébrile se dissipe graduellement; bientôt un sommeil agréable vient effacer la lassitude produite par la douche et ramène, dans toute l'économie, le calme et le bien-être.

Quant aux effets généraux produits par un assiliaire aussi puissant que les frictions et le massage, nous ne pouvons en donner une meilleure idée qu'en reproduisant le passage relatif aux bains orientaux, inséré dans le *Dictionnaire des sciences médicales* (tome III, p. 150) : « Tous les auteurs s'accordent à dire que le massement, joint aux bains, détermine sur l'économie animale un changement accompagné des plus agréables sensations et dont difficilement on se ferait une idée. La peau, d'abord humectée par l'eau ou la vapeur dans laquelle elle a été plongée, devenue plus souple et plus flexible, ressent un bien-être qui donne à l'existence un charme tout nouveau; il semble qu'on apprécie plus complétement le bonheur d'exister et que jusqu'alors on n'avait pas vécu. A la fatigue que l'on éprouve, succède un sentiment de légèreté qui rend propre à tous les exercices du corps ; les muscles, rendus à leur contraction naturelle, agissent à la fois avec plus d'énergie et de facilité; on croit que le sang coule plus largement dans les vaisseaux qui le contiennent. Les forces physiques éprouvent donc des changements salutaires : mais les fonctions du cerveau, qui sont si souvent modifiées par celles-ci, présentent bientôt un surcroît d'activité remarquable ; l'imagination se développe, le tableau riant des plaisirs s'y retrace avec des couleurs plus vives... L'Européen, condamnant aveuglément les usages des autres peuples, quand souvent il ne les connaît qu'imparfaitement, trouve, dans cette pratique asiatique, un plaisir qui la lui fait bientôt adopter ; il pousse quelquefois cette habitude jusqu'à l'excès, et les femmes de nos contrées, transportées sous le ciel fortuné des Indes, ne passent pas un seul jour sans se faire masser par leurs esclaves, et sacrifient des heures entières à cette occupation. »

« Le massage, ajoute le Dr Rapou, agit directement sur les organes locomoteurs et même sur les viscères des grandes cavités. Il favorise le cours du sang, l'absorption des fluides, la sécrétion de la synovie, qu'il répartit également dans les articulations et les gaînes tendineuses. Par ses alternatives de pression et de relâchement, et ses mouvements répétés, il facilite la contraction des muscles ; prévient, dissipe les adhérences et les engorgements articulaires ; il entretient les organes dans l'exercice libre et régulier de leurs fonctions, prolonge conséquemment la vie, ou la rend plus agréable, en éloignant les causes de maladies et d'infirmités. »

La douche générale avec ou sans massage est employée d'une manière très-avantageuse dans les paralysies et la myélite chronique, dans les obstructions viscérales et les engorgements lymphatiques, dans les affections rhumatismales, les douleurs articulaires, les métastases goutteuses, menstruelles, hémorrhoïdales ou herpétiques ; dans la maladie de Pott, dans la gastrite et l'entérite chroniques ; dans les maladies des yeux et des oreilles, causées par le relâchement et la faiblesse, et généralement dans l'impotence des membres, suite de luxations, de fractures, d'entorses, de tumeurs blanches ou de fausse ankylose.

Douche ascendante. — La douche ascendante n'est qu'une modification de celle que nous venons de décrire : elle consiste, ainsi qu'on l'a dit, dans la direction imprimée à la colonne d'eau, qui remonte sous forme de jet ou de gerbe; sa force est proportionnée à la hauteur du réservoir et à la forme de l'ajutage qui sert à la diriger. Cette douche s'emploie pour déterger les abcès du périnée, pour faire des injections rectales et vaginales, pour les injections dans le nez, sous le jarret, sous les aisselles, etc. Le malade, assis sur une chaise convenablement disposée, peut facilement diriger lui-même l'ajutage, soit d'une manière immédiate, soit en s'en tenant à une petite distance.

Un appareil spécial est établi dans un des cabinets du grand bâtiment pour l'appliquer aux yeux, au menton, aux narines et aux oreilles : on en a aussi de portatifs, qui peuvent servir dans toutes les pièces de l'Etablissement.

Cette douche, dont l'action est stimulante, résolutive et détersive, produit surtout d'heureux effets dans plusieurs affections de l'intestin *rectum*, dans son relâchement et celui des parties adjacentes; dans la leucorrhée, la chlorose symptomatique, la suppression des règles et des hémorrhoïdes; la dysménorrhée, et surtout dans les engorgements du col de la matrice, où elle a presque toujours suffi pour dissiper des accidents qui semblaient faire craindre de graves affections organiques. Le traitement de cette dernière affection demande à être surveillé d'une manière spéciale; le mélange des eaux doit être minutieusement gradué, et la douche administrée à une température de beaucoup inférieure à celle de la chaleur du sang.

Douche écossaise. — Nous appelons ainsi le bain froid, tiède ou chaud, administré sous forme de pluie; c'est le *Shower-bath* des Anglais. Mon aïeul, le Dr Jh. Despine, l'ayant vu employer avec succès en Ecosse, dans les affections hypocondriaques, l'importa en Savoie, il y a 50 à 60 ans, en lui donnant le nom de *Bain anglais* ou *écossais*. Mon père l'introduisit, en 1822, dans l'établissement thermal d'Aix, à l'occasion de diverses affections nerveuses qu'il traitait par la méthode perturbatrice, et dès lors cette espèce de bains a reçu chez nous de nombreux perfectionnements, qui en ont rendu l'emploi fréquent dans un grand nombre de maladies.

On use de la *douche écossaise*, tantôt par secousses vives et subites, lorsqu'on veut produire une révolution dans l'économie ou une perturbation dans le système nerveux; tantôt on s'en sert comme moyen propre à arrêter l'effet énervant des sueurs trop abondantes; tantôt encore comme un puissant tonique chez les sujets lymphatiques à tissu lâche et mou. Une remarque importante, c'est qu'au lieu de diminuer les sueurs, la douche froide les détermine, et les augmente même chez la plupart des sujets, lorsqu'elle est immédiatement suivie d'une immersion dans l'eau à 30 ou 35 degrés R. Nous employons ce moyen avec succès chez ceux que l'eau chaude simple n'avait pu faire suer.

L'appareil de notre *Shower-bath* se compose d'une petite caisse carrée, en fer-blanc, suspendue à un *pied-de-chèvre*, ou potence mobile. Dans le milieu de cette caisse est placé un cylindre creux, soutenu par deux pivots; il est ouvert dans le haut sur toute sa longueur, et muni d'une poignée propre à lui faire décrire un mouvement de rotation sur son axe. On y fait arriver, par des tuyaux en plomb, dont le bout est armé d'un robinet, un filet d'eau froide et un filet d'eau chaude, au moyen desquels on obtient les degrés de température convenables.

Avant de s'en servir, on commence en général et durant quelques minutes par masser, frictionner et doucher le malade, à l'eau chaude. On lui couvre ensuite la tête avec un casque, une éponge, un bonnet de taffetas ciré, ou simplement avec une serviette mise en huit ou dix doubles, pour diminuer l'impression qui en résulte sur le cuir chevelu, qu'il est bon quelquefois de ne pas mouiller; puis on le fait placer sous l'appareil, et on tourne le cylindre avec rapidité. L'eau se précipite dans la caisse et s'échappe au travers de son fond percé de mille trous, et vient envelopper tout le corps comme une forte pluie d'ondée. L'impression produite au moment de la chute est vive; on peut la comparer au réveil en sursaut.

On se borne quelquefois à une seule ondée; mais le plus ordinairement on en prend de trois à dix; on a vu des malades s'en faire administrer plus de cinquante; mais il n'est pas rare d'en voir porter le nombre à 15 ou 20, en se réglant d'ailleurs sur les forces, les besoins et la sensibilité du sujet.

Chaque ondée d'eau froide est communément suivie d'un arrosement d'eau chaude. Avec cette précaution, on éprouve à peine un instant d'horripilation et de froid. Il arrive ici comme au Russe et au Finlandais, lorsqu'ils se jettent dans la *Néva*, ou se roulent dans la neige, au sortir de leurs étuves : le surcroît d'activité qui résulte d'un pareil bain neutralise l'effet du froid et arrête toute réaction fâcheuse. Mais il faut beaucoup de circonspection ; car, s'il y avait abus, une impression froide trop forte déterminerait souvent des congestions internes.

Je ne partage point l'opinion de Gianini, qui pensait que le shower-bath est généralement avantageux dans les affections fébriles continues ; je crois, au contraire, avec Alibert et Marcart, que tout médecin prudent doit le prescrire avec beaucoup de réserve ; et, si on l'administre parfois dans des cas de névroses qui présentent quelques caractères d'acuité, c'est toujours alors pour produire une action perturbatrice propre à changer le mode de vitalité, et à régulariser le mouvement des organes malades, plutôt que pour réprimer l'état pyrétique ; indication plus facile à remplir par la saignée et les antiphlogistiques que par le bain froid. S'agit-il, au contraire, de combattre des fièvres intermittentes, ce bain, tel qu'on l'administre à Aix, m'a toujours paru avoir sur elles un effet avantageux.

Du bain en général. — Le bain (*balneum,* du grec *ballo*, je chasse, et *ania*, la douleur) consiste dans l'immersion d'une ou de plusieurs parties du corps dans l'eau. C'est un des plus puissants moyens thérapeutiques connus. Les premiers législateurs en firent une loi, et les pères de la médecine, Hippocrate, Gallien,

Celse, Avicenne, le recommandent de la manière la plus expresse.

Les bains peuvent être *froids*, *tièdes* ou *chauds*.

L'impression du froid et du chaud étant relative, il n'est pas possible de déterminer le degré de température dans lequel ces sensations doivent être circonscrites; cependant, pour me conformer à l'usage, j'appellerai bains *froids* ceux dont la température n'excède pas 15 degrés Réaumur; *tempérés* ou tièdes, ceux de 15 à 25°; et, enfin, *chauds*, ceux de 25 à 30° et au-dessus.

Bain tempéré. — Pour bien comprendre les effets du bain tempéré, l'on doit tenir compte des circonstances accessoires, appartenant à l'hygiène et à la thérapeutique, dont il sera fait mention ailleurs; je me bornerai ici à dire qu'il a pour effet immédiat d'assouplir la peau, de la déterger des concrétions qu'amène la sueur, de faciliter les mouvements musculaires et d'agir efficacement sur le moral, en mettant les organes du sentiment dans une disposition agréable.

Chez les personnes de constitution molle et lymphatique, quelquefois les mouvements du pouls se ralentissent; le plus souvent ils s'accélèrent d'abord et bientôt après ils reprennent leur état normal. Dans la plupart des cas, ils diffèrent peu de leur rhythme ordinaire. Cependant on ne saurait tracer de règles invariables à cet égard, parce qu'il faut plutôt juger de l'influence du bain sur l'économie animale, par l'effet qu'éprouve le corps, d'après la disposition actuelle de l'individu, que par sa température absolue et ses autres qualités physiques ou chimiques.

A Aix, on compose les bains tièdes avec l'eau d'Alun ou l'eau de Soufre, pures ou mélangées, qu'on fait refroidir au point convenable, tantôt spontanément, tantôt avec de l'eau commune. Dans ce dernier cas, il est plus calmant; et l'on s'en sert pour diminuer l'irritabilité nerveuse ou musculaire, apaiser la douleur, combattre l'exaltation cérébrale, le spasme et les convulsions. Administré avec des proportions croissantes ou décroissantes d'eau chaude ou d'eau froide, il sert de passage du bain tiède au bain chaud, ou bien à tempérer l'effet de la douche. En l'alternant avec cette dernière, il la rend moins fatigante.

Sa durée est ordinairement d'une heure, mais elle doit toujours être modifiée, ainsi que sa température, d'après les circonstances, l'âge du malade, son sexe, ses forces, sa susceptibilité, la nature du mal, l'excitabilité de la peau, l'état de l'atmosphère, etc.

Quoique l'établissement thermal d'Aix contienne des cabinets destinés à cet usage, le plus souvent les bains tempérés se prennent à domicile. Chaque hôtel, à cet effet, possède un nombre de baignoires proportionné à ses logements. Pour s'en servir, il suffit de prévenir quelques instants auparavant le sécheur pour qu'il pourvoie aux préparatifs nécessaires.

Souvent le médecin prescrit au malade, après être entré dans le bain à une température agréable, d'y ajouter peu à peu de l'eau chaude, jusqu'à ce qu'il y ait disposition prochaine à la sueur : ce mode convient dans le cas où, après avoir amolli par le bain tiède, on veut opérer une légère excitation analogue à celle de la douche, mais moins forte. D'autres fois, au sortir de la douche, il fait porter le malade dans un bain chaud qui est ensuite graduellement refroidi. Ceci a lieu lorsqu'on veut prévenir des sueurs débilitantes, et convient essentiellement aux personnes sèches, maigres, irritables, nerveuses, et pour lesquelles le *Shower-bath* froid serait une trop rude épreuve.

Piscine. — La piscine ou bain *à grande eau* n'est qu'une variété du bain tiède. Les anciens avaient dans tous leurs établissements thermaux une piscine servant à la natation, où toute la jeunesse se livrait à cet agréable exercice, et c'est encore aujourd'hui pour Aix un des plus puissants moyens d'hygiène et de thérapeutique. Aussi en obtenons-nous des succès bien marqués, surtout chez les jeunes personnes dont la taille a quelque tendance à se dévier, ainsi qu'on l'a dit plus haut, et pour lesquelles ce genre de bains offre un charme irrésistible.

Nos deux piscines des Thermes Albertins sont généralement maintenues à la température de 27 à 28° Réaumur (92 à 95 Fahrenheit). Se trouvant de quelques degrés au-dessous de la chaleur du sang, l'eau tempère celle de l'économie animale, et suffit pour imprimer aux organes intérieurs l'activité nécessaire dans une foule de maux.

Les personnes qui ne savent pas nager y trouvent des globes ou boules de fer-blanc ou de zinc, vides et bien soudés, munis d'une ceinture pour les assujettir au corps. Ces globes, de cinq ou six pouces de diamètre, peuvent soutenir sur l'eau des adultes de forte corpulence; et les enfants munis de *leurs boules* nagent avec une hardiesse qui prouve leur sécurité.

Les engorgements glanduleux, les affections scrofuleuses et lymphatiques, l'atrophie des membres, le rachitisme, une menstruation qui se fait trop attendre, la lenteur du développement de tout l'organisme aux approches de la puberté, etc., etc., trouvent dans nos bains de natation un remède aussi utile qu'agréable. Les paralytiques eux-mêmes en retirent les plus heureux fruits, au moyen d'un appareil flotteur destiné à leur permettre des mouvements de locomotion.

Bain chaud. — Les effets immédiats du bain chaud peuvent se réduire aux suivants : la circulation s'accélère, la peau se tuméfie et rougit ; une sueur légère couvre le front, les tempes et les lèvres ; tous les liquides se dilatent ; le sang se porte rapidement aux poumons et à l'encéphale ; de là, gêne dans la respiration, douleur de tête, stupeur et coma, qui pourraient être suivis d'apoplexie, si l'on n'exerçait dans cette occasion la plus exacte surveillance. Les accidents fâcheux qui peuvent être le résultat de cette espèce de bain ont rendu les gens de l'art extrêmement circonspects dans son emploi ; cependant il a cela de commun avec les remèdes violents, que son activité même peut le rendre fort utile, entre les mains d'un homme instruit qui procède avec les précautions requises. Il convient, en général, de commencer par des bains partiels, puis de passer aux bains généraux et de ne pas les prolonger au delà d'un quart d'heure, lorsqu'on les prend par immersion entière dans la baignoire ; c'est ce qui se pratique au Mont-Dore, où l'on se baigne, après la douche, dans l'eau même qui y a servi.

A Aix, le plus souvent on administre le bain chaud, au sortir de la douche, dans une pièce appelée le *Bouillon*. Il est rare alors qu'on y reste plus d'une à deux minutes ; ordinairement on ne fait qu'entrer et sortir ; ce qui lui a fait donner vulgairement le nom de *Plongeon*. Il est cependant des circonstances où l'on doit le prolonger plus longtemps, surtout s'il est partiel ; tels sont les cas de paraplégies anciennes, où il faut, pour me servir de l'expression d'Alibert, *cuire*, pour ainsi dire, le malade.

On emploie le bain chaud avec avantage dans la suppression des flux hémorrhoïdaux et menstruels, dans les rétractions tendineuses, les affections rhumatismales invétérées avec engorgements froids articulaires, enfin toutes les fois qu'on se propose de diminuer la masse des humeurs, de ramollir les solides, et qu'on n'a pas à redouter les effets d'une stimulation trop violente.

Etuve ou Bain de vapeur. — Les effets merveilleux obtenus par les bains chauds durent faire penser de bonne heure à tirer parti de l'eau réduite en vapeur. Dès l'antiquité la plus reculée, le *Tepidarium* faisait les délices de Rome. En Finlande, en Russie, on se sert d'étuves depuis un temps immémorial, et en Orient surtout, les femmes recherchent ce plaisir avec ardeur. En Egypte on est si convaincu de leur efficacité, au rapport de Timoni, qu'au lieu de se demander, lorsqu'on se rencontre : *Comment te portes-tu ?* on emploie cette formule : *Comment sues-tu ?*

L'action du bain de vapeur diffère essentiellement

de celle du bain d'eau chaude ; car, d'un côté, l'eau vaporisée pénètre le système dermoïde d'une manière bien plus énergique, par cela même que ses molécules sont plus atténuées ; et, de l'autre, la compression exercée par le fluide ambiant, pouvant être considérée comme nulle, l'expansion doit être plus grande du centre à la périphérie.

Les effets immédiats du bain de vapeur sur le corps humain seront d'autant plus grands que la température en sera plus élevée, à moins qu'on n'y soit amené insensiblement par l'augmentation de la chaleur d'une manière lente et graduée. C'est en procédant ainsi que Fordice et Broussonnet sont parvenus à supporter la température au delà de 80° R., sans des souffrances trop vives. A la vérité ils n'étaient pas dans une étuve humide : ils n'auraient pu la supporter à une température aussi élevée ; car on sait qu'une chaleur sèche de 50 R. ne fait guère sur le même individu plus d'impression qu'une étuve humide de 35°.

Voici la raison de ce phénomène. Pour faire passer à l'état de vapeur de l'eau à 100 degrés centigrades, il faut lui donner 550 degrés de calorique, c'est-à-dire, la quantité de calorique capable d'élever d'un degré un poids 550 fois plus grand d'eau ; et lorsque cette vapeur reprend l'état liquide, elle restitue ces 550 degrés. Or, le corps humain n'étant qu'à 36 degrés centigrades, lorsqu'il est plongé dans de l'eau en vapeur, cette eau redevient liquide et fait passer dans le corps ces 550 degrés, ce qui est une énorme chaleur. L'air sec ne produit rien de semblable ; il n'agit que par communication, et en outre, comme il vaporise la sueur, il absorbe une partie de son calorique.

Un fait extrêmement curieux et qui se rattache au précédent, c'est que l'homme vivant conserve sa chaleur naturelle, quelle que soit la température du milieu qui l'environne. Tillet rapporte, à cette occasion, qu'il a vu la domestique d'un boulanger se tenir dans le four de son maître tout le temps que durait son service (lequel consistait à arranger le bois et le pain pour la cuisson), souvent par une chaleur excessive ; trois autres filles faisaient le même service. Ayant voulu savoir au juste le degré de chaleur qu'elles supportaient, il trouva qu'elles restaient dans le four 15 minutes, lorsqu'il était échauffé à 106° R., 10 minutes à 110°, et 5 minutes à 113. Ainsi ces filles supportaient dans ces épreuves une chaleur de 33° au-dessus de l'eau bouillante. Ce fait, tout extraordinaire qu'il paraît, est cependant confirmé par les expériences de Blagden, Banks et Sollander. Ces messieurs ont constaté, en outre, 1° que l'homme peut supporter une température de 86° au-dessus de la chaleur naturelle, sans de graves inconvénients ; 2° que le pouls bat, à 101° 1/3, cent quarante-quatre fois par minute; 3° que l'air expiré paraît froid et fait baisser le thermomètre; que le corps, au bout d'un quart d'heure, a perdu 300 grammes de son poids.

Les résultats généraux, produits dans de semblables étuves, sont bien différents de ceux que nous obtenons au Vaporarium, sur la grille du Bouillon et aux Thermes-Berthollet; car ceux-ci sont incomparablement plus doux, et constituent un des moyens thérapeutiques les plus avantageux. Sous leur influence, la peau se ramollit, les veines extérieures se dilatent et tout le corps se recouvre d'une légère rosée due plutôt à une légère vapeur qui se condense, qu'à l'exhalation cutanée. Ces gouttelettes ne tarderaient pas à produire un sentiment de froid, si elles n'étaient sans cesse réchauffées par des nuées d'eau volatilisée, dont l'effet est de balancer l'évaporation qui tend à soustraire au corps une partie de son calorique.

J'ai été à même de vérifier l'effet calmant de la vapeur de nos eaux, dans quelques affections prurigineuses, dans l'asthme spasmodique et dans la phthisie au premier degré. Ces faits sont de nature à confirmer l'opinion des docteurs Chaussier et Rapou, au sujet de l'action du gaz hydrogène sulfuré, que l'on a toujours considéré comme étant un des principes les plus actifs des eaux d'Aix. Voici comment s'exprime à cet égard le savant auteur de *l'Atmidiatrique*, dont l'autorité est si recommandable, surtout lorsqu'il s'agit de l'emploi des vapeurs comme moyen médicamenteux. « Le gaz hydrogène sulfuré est un des plus précieux agents de la thérapeutique. Il est aussi celui dont on connaît le moins la manière d'agir ; car presque tous les médecins le supposent excitant et emploient les vapeurs hydrosulfurées pour augmenter l'énergie vitale de la peau, pour accroître la circulation capillaire ; et, par continuité de tissu, l'irritabilité des parties profondes sur lesquelles on les dirige. Il est vrai qu'elles résolvent bien plus facilement et avec plus de promptitude les tumeurs et les engorgements lymphatiques que tous les autres moyens ; mais elles sont principalement sédatives et calmantes. Une singulière propriété du gaz hydrogène sulfuré, dont je me suis convaincu un grand nombre de fois, c'est qu'il tempère manifestement l'activité du calorique ; c'est-à-dire que la vapeur aqueuse qui, appliquée soit en douche, soit en bain, sur une partie quelconque du corps, à un degré donné, déterminerait chaleur, rougeur et gonflement, ne produira aucun de ces effets immédiats, si elle est saturée de gaz hydrogène sulfuré. Après son action, la peau est plus souple, plus douce, plus onctueuse, etc. »

Le gaz hydrogène sulfuré pur est, comme on le

sait, un des gaz asphyxiants les plus énergiques, un des poisons sédatifs qui agissent le plus puissamment sur le système nerveux. Cette circonstance a souvent fait croire à de savants médecins, physiciens et chimistes étrangers, que nos bains de vapeur pouvaient être dangereux ; mais cette assertion est facilement combattue par l'expérience qui, depuis un temps immémorial, a confirmé l'efficacité de ces bains dans beaucoup de maladies et leur innocuité parfaite, quand on en usait avec prudence. Elle l'est encore par les considérations suivantes, déduites de faits positifs.

1° Nos vapeurs hydro-sulfureuses ne sont pas pures. L'air atmosphérique et l'azote y sont en proportions infiniment plus considérables.

2° L'hydrogène sulfuré, qui se développe au moment où le gaz fourni par les eaux arrive à leur surface, ne s'y accumule pas, puisque, comme on l'a vu précédemment, il forme de l'acide sulfurique qui imprègne le linge à sa proximité, convertit en gypse le revêtement calcaire de l'intérieur des cabinets, et fait passer à l'état de sulfate le fer, le cuivre et le zinc qu'il y rencontre.

3° Enfin, les cabinets où ces vapeurs s'administrent ne sont pas hermétiquement fermés ; au contraire, le mouvement des baigneurs, celui des gens de service, et la différence de pesanteur spécifique de l'atmosphère et de la vapeur des eaux chaudes, amènent dans la masse aérienne de ces cabinets un mouvement qui en mélange, déplace et renouvelle à chaque instant toutes les molécules.

La vapeur s'administre à Aix de quatre manières. La première consiste à placer le malade dans une étuve où tout le corps est plongé. La deuxième se fait par encaissement ; la tête seule dans ce cas se trouve hors de l'appareil, tandis que le reste du corps est plongé dans la vapeur. La troisième consiste à diriger la vapeur sous forme de douche, ce qui s'exécute en conduisant le jet sur une seule partie, à l'aide de tuyaux dont on peut varier à volonté le diamètre, la forme et la longueur. Souvent c'est avec un manchon cylindrique, dans lequel on introduit la jambe, le bras ou la main ; d'autres fois c'est avec un cône qui sert à concentrer les vapeurs et les rassembler en une sorte de foyer, sur la partie qu'on y soumet. Enfin, il est une multitude d'autres appareils, dont le détail serait fastidieux pour le lecteur, et que la simple inspection fera beaucoup mieux comprendre.

4° On a mis à profit la propriété qu'ont les liquides de produire une chaleur plus grande, à raison de leur densité spécifique, pour administrer des bains mixtes, c'est-à-dire dans lesquels la partie supérieure du corps est soumise à l'action de la vapeur à 27°, pendant que les extrémités inférieures sont plongées dans un bassin d'eau de Soufre ou d'Alun, dont la température est bien plus élevée. Cette espèce de bain, qui a de l'analogie avec le *semi-cupia* des anciens, est toujours préférable chez les personnes très-sanguines ou douées d'un tempérament éminemment nerveux. Il est prudent, chez elles, d'appeler les fluides vers les régions éloignées des centres vitaux : on évite, par ce moyen, les causes de l'irritation cérébrale et médullaire, souvent accompagnée de convulsions et de douleurs atroces.

On conçoit, d'après ce qui précède, que l'air qui pénètre dans l'éponge pulmonaire, étant ici moins brûlant, la respiration doit être plus libre et les inspirations moins nombreuses ; il y a plus de calme dans la circulation ; il arrive moins de sang au cerveau dans un temps donné ; ce qui doit faire préférer cette méthode, toutes les fois qu'on a à redouter des congestions sanguines à la tête.

Quant à l'application locale de la vapeur, elle peut être extrêmement utile pour activer une inflammation circonscrite, favoriser la résolution d'un engorgement, hâter la rupture d'un abcès, faciliter le retour des évacuations menstruelles, et pour produire une révulsion sur un point de la périphérie, dans l'intention de combattre une irritation profonde ou une inflammation latente des viscères ou d'organes plus essentiels.

Bain de boues. — Des bains de boues ont été introduits à Aix, à l'imitation de ceux d'Acqui, de Vinadio et de Saint-Amand. De tout temps, on s'était servi des boues thermales de nos eaux en applications et en cataplasmes. On les recueillait autrefois dans le grand bassin central du grand bâtiment des bains et dans le grand bassin des eaux d'Alun, appelé Bain Royal. Depuis que ces bains ont reçu des destinations spéciales, qui ne permettent plus de s'y procurer ces boues spontanées, produit des conferves et de la matière animale ou glairine, on était privé de cette ressource utile; mais dans la distribution des THERMES-ALBERTINS, un local spécial a été disposé pour y réunir tous les *détritus* des fontaines minérales, et y opérer les mélanges convenables.

Les boues ainsi préparées se composent, comme à Acqui et à Saint-Amand, d'une terre magnésienne, extrêmement douce et onctueuse au toucher, unie à la matière azotée et au soufre fournis par les deux eaux thermales. Elles sont mises en dépôt dans une espèce de puits ou réservoir disposé à cet effet. Continuellement agitées par l'eau d'Alun qui sourd au-dessous, leur masse s'imprègne de plus en plus de principes minéralisants, et quoique la température en soit moins élevée qu'à Acqui, l'on en retire néanmoins les plus grands avantages dans les rétractions tendineuses et dans plusieurs affections chroniques de la peau.

La densité de ce bain étant supérieure à celle de tous les autres, et la chaleur s'y conservant conséquemment plus longtemps, à égalité de température, il n'est pas douteux qu'il ne produise des cures nombreuses dans certains cas de nécrose, de fracture, d'atrophie des membres ; et qu'il ne devienne plus usuel dans les affections scrofuleuses, si souvent rebelles et si variées dans leurs formes.

§ II.

Précautions à observer pendant l'usage des eaux.

Les moyens à mettre en usage pour retirer tout le fruit qu'on doit attendre des eaux d'Aix peuvent se rapporter à deux chefs principaux. Les uns sont purement hygiéniques et relatifs aux affections de l'âme, à l'air, aux aliments, aux boissons, à l'exercice ; les autres regardent spécialement l'administration des eaux et sont du ressort de la thérapeutique. Tous sont fondés sur l'expérience et la tradition, et c'est à ce double titre qu'ils méritent l'attention des baigneurs.

Affections de l'âme. — Les affections morales de l'homme (*animi pathemata*) sont si intimement liées à son organisation physique, elles fournissent tant d'indications précieuses dans le pronostic et le traitement des maladies, qu'on peut facilement se convaincre du rôle important qu'elles doivent jouer dans la médication par les eaux minérales : en effet, si un accès de joie ou de tristesse, si l'envie ou l'ambition impriment à l'âme des secousses violentes, et quelquefois mortelles dans l'état de santé, elles ne peuvent manquer de produire des désordres extrêmement graves sur ceux qui arrivent aux eaux avec une organisation délabrée, et douée par là même d'une *impressionnabilité* plus grande.

Qui ne sait, d'ailleurs, combien de fois l'atrophie, la mélancolie, le marasme, sont produits ou entretenus par la haine, l'amour, la jalousie ; combien un chagrin de famille, un léger revers de fortune, amènent de modifications dans la manière de faire, de dire, de penser ; combien enfin d'affections viscérales ont leur source secrète dans une aberration mentale, dans un repli du cœur ?...

Ce sont des considérations de ce genre qui ont fait dire au célèbre auteur de l'*Arbre des Dermatoses* (le docteur Alibert) : « *Quand vous arriverez aux eaux minérales, faites comme si vous entriez dans le temple d'Esculape : laissez à la porte toutes les passions qui occupent votre esprit.* » Ce sont elles qui ont valu à la science les ouvrages immortels des Dumas, des Louyer-Villermay, et qui ont encore, pour le médecin observateur, un intérêt d'autant plus vif qu'elles l'éclairent sur les variations qu'il doit apporter aux remèdes.

L'action des médicaments étant singulièrement influencée par les passions de l'âme, il arrive souvent que l'homme de l'art, pour obtenir du succès, est obligé premièrement d'agir sur le moral de ses malades, tantôt en s'efforçant de leur inspirer une confiance presque aveugle dans la nymphe des eaux, tantôt en employant l'ascendant du caractère pour faire surmonter une répugnance, vaincre une habitude ; et quelquefois en déplaçant une idée, pour en faire naître une autre de nature différente, ou en variant les occupations accoutumées par des occupations, des surprises et des émotions nouvelles.

Les personnes portées à la mélancolie éviteront, pendant l'usage des eaux, de rester seules et de se livrer à leurs propres pensées. Elles doivent manger de préférence à table d'hôte ; rechercher la société des personnes aimables et enjouées ; se dissiper par des lectures agréables, l'équitation, la danse, la musique, et semer des germes de guérison, en faisant succéder la gaieté à la tristesse, et en remplaçant des habitudes sédentaires par une vie active et dissipée ; car c'est surtout aux eaux qu'il convient d'être *toujours occupé, sans avoir rien à faire.*

Au contraire, les personnes douées de passions vives, telles que la colère, l'ambition, l'amour... devront les modérer et leur imposer un frein, pendant tout le temps que durera la cure. Ainsi que l'a fort bien dit un de nos plus aimables poëtes :

Qui sait les maîtriser est le dieu d'Épidaure.
Oui, la sagesse aimable est sœur de la santé :
Elle seule connaît le secret qu'on ignore
D'assurer l'immortalité.

Air atmosphérique. — Les différentes variations de l'atmosphère, la chaleur, le froid, la sécheresse, l'humidité de l'air, le passage brusque d'une température à une autre sont, d'après Hippocrate (*De aere, locis et aquis*), les causes les plus fréquentes des changements qui arrivent dans l'organisme, et conséquemment de la plupart des maux qui affligent l'espèce humaine. Ces divers états de l'air, par les modifications qu'ils impriment à l'exhalation cutanée, ont une influence plus grande qu'on n'imagine sur l'action des eaux thermales; et l'on ne saurait, par ce motif, prendre trop de précautions pour se garantir des intempéries. L'air trop chaud irrite les poumons et produit la lassitude; l'air froid, des *répercussions* fâcheuses, des accès de toux, de goutte, de rhumatisme; l'air froid, saturé de vapeurs aqueuses, nuit essentiellement à la transpiration et produit le relâchement des tissus et l'atonie des organes.

Un des moyens les plus propres à prévenir les accidents qui résultent des variations de température est, sans contredit, l'usage des tissus de laine et spécialement de la flanelle, appliqués sur la peau. Cette précaution est presque indispensable pour les personnes qui ont la poitrine délicate et pour celles dont la peau, facilement perméable, se couvre de sueur par la plus légère cause.

La facilité qu'offrent les environs d'Aix de se promener dans des lieux plus ou moins élevés, permet de varier l'effet de la pression atmosphérique suivant la maladie. C'est ainsi, par exemple, que l'on conseille l'air vif et frais des collines aux personnes douées d'un tempérament lymphatique, tandis qu'on recommande aux malades atteints de phthisie l'air doux et chaud du fond de la vallée.

Pendant l'été, les eaux et l'ardeur du soleil occasionnent, vers le soir, un serein d'autant plus abondant que le rayonnement du calorique a été plus fort et l'évaporation plus grande. La chute de l'eau ainsi condensée, plus pernicieuse encore pour ceux qui n'y sont pas accoutumés, doit faire aux malades un précepte de rentrer chez eux de bonne heure, et surtout de ne pas se promener après le coucher du soleil.

Enfin, le bain, la douche et la boisson des eaux ayant pour effet de produire des transpirations abondantes, les malades choisiront de préférence des chambres vastes et des appartements où l'air puisse se renouveler aisément.

Régime. — Le régime, chose si utile même à l'homme qui jouit de la plénitude de ses fonctions, est cependant l'objet qu'on néglige le plus ordinairement, lorsqu'on vient aux eaux pour cause de maladie.

Le luxe de la table, favorisé par l'empressement que les maîtres de pension mettent à plaire à l'étranger, la bonté des mets, leur délicatesse et leur profusion, concourent puissamment à faire négliger sur ce point les avis donnés par la médecine. Tous les auteurs s'accordent cependant à dire que l'abus qui accompagne ordinairement les délices de la bonne chère est non-seulement nuisible aux organes digestifs, mais qu'il occasionne encore les récidives les plus nombreuses dans les maladies traitées par les eaux minérales ; en conséquence, voici quelques principes qui peuvent servir de règle au baigneur.

Le premier et le plus important consiste à user de tout avec modération, en évitant particulièrement l'excès des choses dont l'action est diamétralement opposée à celle des eaux ; tels sont les aliments qui tendent à stimuler fortement le canal alimentaire, et à diminuer ou à suspendre la transpiration habituelle de la peau.

Les viandes salées, et surtout celle de porc, sont généralement nuisibles aux personnes atteintes de rhumatisme, de douleurs arthritiques et de maladies de la peau.

Le poisson d'eau douce convient au plus grand nombre des malades ; aussi la consommation qui s'en fait à Aix, pendant le temps des eaux, est-elle considérable. On doit préférer celui dont la chair est tendre et peu fibreuse, comme la lotte, la truite, le lavaret, l'omble-chevalier, la carpe, et le brochet.

Puisque les eaux prises en boisson, en bain ou en douche, donnent une nouvelle vie au système circulatoire, qu'elles produisent une excitation générale, et que la constipation est le résultat ordinaire du surcroît d'action du système cutané, il convient de ne rien faire qui puisse contrarier le travail de la nature.

On évitera donc les mets fort épicés, les fritures, les viandes trop grasses, surtout lorsqu'elles sont apprêtées avec des sauces de haut goût, les végétaux qui contiennent un grand nombre de principes stimulants, comme sont l'ail, le céleri, les raiforts, etc.

Les hypocondriaques, les hystériques, les valétudinaires, les personnes sujettes aux borborygmes, devront user avec circonspection des légumes, tels que pois, haricots, lentilles, fèves, épinards, salsifis, artichauts; ainsi que de fruits lourds, comme sont la courge, le concombre et le melon.

Les personnes chez lesquelles la transpiration est abondante devront être très-réservées dans l'usage des gelées de framboise, de groseille, et généralement de tous les acides. Ces substances, qu'on a regardées de tout temps comme rafraîchissantes, ont pour premier effet de produire le resserrement des tissus et conséquemment des pores, contrairement à l'action des eaux qui tend à les dilater. Les sorbets et les boissons à la glace ont un résultat analogue et stimulent, en outre, d'une manière violente, l'appareil gastro-intestinal, d'où peuvent survenir des transports funestes. Un moyen de diminuer la qualité nuisible de ces boissons, c'est de se livrer à un exercice modéré immédiatement après les avoir prises : l'effet de ce mouvement est de porter légèrement à la peau et de balancer ainsi l'action répercussive des boissons réfrigérantes.

L'exercice et les pertes considérables que le corps fait par la sueur exigent, en général, une nourriture substantielle, de facile digestion, et qui, sous le moindre volume possible, contienne le plus de matériaux nutritifs. Le *beefsteak*, le *roastbeef*, la volaille, le mouton et le veau rôtis, les gelées animales forment la nourriture qui remplit le mieux ces indications : viennent ensuite les substances amylacées, le riz, la semoule, les pâtes de Gênes, les gruaux, la fécule de pomme de terre, le salep et l'arrow-root. Les crèmes au sucre, au chocolat, lorsqu'elles ne sont pas trop aromatisées, sont à la fois succulentes, nutritives et faciles à digérer. Les œufs doivent être regardés comme la substance animale la plus saine, la plus légère et la mieux adaptée aux différents tempéraments, pourvu qu'ils soient frais et que la cuisson ne leur ait pas fait perdre entièrement leur fluidité. Le fromage est indigeste, surtout lorsqu'il est récent et qu'il entre en trop grande proportion dans la composition des mets.

Le bouillon, fait avec des viandes de bœuf, de veau et de poulet, forme une solution de principes animaux nourrissante, réparatrice, et très-convenable au genre de vie que mène le baigneur.

Le vin vieux du pays, étendu d'eau, constitue une boisson tonique, utile à ceux qui prennent la douche; il fortifie l'estomac et ranime promptement les forces. On évitera les liqueurs alcooliques pures : leur effet est d'exciter trop vivement et de produire ensuite un état de *collapsus* ou dépression vitale. Quant aux vins étrangers, ils conviennent à ceux qui en boivent habituellement; mais leur dose devra être diminuée, dès qu'on s'apercevra qu'ils irritent les organes digestifs.

Le lait, l'orgeat, les décoctions mucilagineuses et autres boissons adoucissantes, dont l'usage est si avantageux lorsqu'on vient aux Eaux pour des maladies de poitrine, pour des gastrites anciennes et autres lésions de l'appareil alimentaire, ne doivent pas être bus indifféremment par toutes sortes de personnes; pris habituellement, ils sont loin de convenir à celles qui sont douées d'un tempérament lymphatique, qui ont la fibre lâche et qui sont naturellement portées à l'inertie; les boissons légèrement toniques, l'eau de la fontaine martiale de Saint-Simon, la bière, les décoctions de houblon, de quassia et autres substances amères conviennent infiniment mieux à cette espèce de constitution.

Exercice. — Hippocrate, Sydenham et Baglivi ont recommandé l'exercice, spécialement dans les maladies chroniques. Au rapport de Gallien, les exercices de gymnastique étaient regardés par les médecins de la Grèce comme un puissant moyen de relever les forces, de favoriser les crises et la convalescence.

L'exercice est encore aujourd'hui conseillé, essentiellement dans le but de seconder l'action des eaux. On sait en effet que les mouvements du système musculaire aident et facilitent ceux de tous les autres appareils organiques. Mais cet exercice doit en général être modéré et rarement poussé jusqu'à la fatigue ; il varie avec le sexe, l'âge et les habitudes qu'on a contractées.

Les personnes jeunes et robustes choisiront de préférence la promenade à pied, dans les lieux escarpés, et surtout la promenade du matin, si elles font usage des eaux en boisson.

Les sujets affectés d'hypocondrie, d'hystérie, d'engorgements du foie, de la rate et du pancréas devront préférer l'exercice à cheval. Le ballottement et les secousses qui en résultent vont retentir jusque dans la profondeur des organes ; ils augmentent l'action de l'estomac, favorisent la circulation dans le réseau capillaire sanguin et dans les vaisseaux lymphatiques ; rien n'est plus propre à hâter la résolution des engorgements et de l'embarras des viscères abdominaux. La danse, le jeu de billard, la musique même et la natation, produisent encore un effet analogue ; ils stimulent les tissus vivants tombés dans la langueur, donnent une énergie et une activité nouvelle à toutes les fonctions, et concourent ainsi à ramener l'équilibre entre les divers systèmes qui composent l'économie animale.

La proximité du lac du Bourget fournit aussi un moyen fort agréable de prendre de l'exercice, par la facilité qu'on a de s'y promener en bateau. Il faut seulement avoir la précaution de s'habiller plus chaudement que de coutume, afin de se prémunir contre les froids qui balayent la surface du lac, à différentes heures du jour.

Pour les personnes qui, par suite de faiblesse, de paralysie commençante, de *nodus* articulaire, d'ankylose, ne peuvent pas exécuter des mouvements fort étendus, il serait souvent utile, ainsi que je l'ai vu pratiquer à Bath, de suppléer aux autres exercices par l'agitation d'un rouet, celle de rouleaux en bois qu'on fait mouvoir avec les pieds, la traction d'un ressort, l'effet musculaire des bras pour contrebalancer un poids dont on augmente chaque jour la pesanteur. Le char sygmoïde ou onduleux du docteur Pravaz pourrait de même trouver ici son application.

On pourrait encore adopter pour la promenade une sorte de *tricycle* ou petite voiture à trois roues, dont les malades se servent avec avantage dans les établissements thermaux de la Grande-Bretagne. L'exiguïté de ses dimensions permet à un domestique, placé derrière, de pousser et de faire avancer l'équipage, tandis que le malade le conduit lui-même, à l'aide d'une espèce de gouvernail qui change à volonté la direction de la roue de devant.

Du reste, on se procure à Aix, avec une extrême facilité, des chars légers et bien suspendus, des chaises à porteurs, courtes ou allongées, à dossier fixe ou mobile, au moyen desquels les plus impotents peuvent jouir de la promenade au grand air, et parcourir les sites environnants.

Enfin, s'il n'était pas possible de se livrer aux différents genres d'exercice que nous venons d'énumérer, on pourrait y suppléer par l'emploi des frictions, moyen dont les anciens avaient reconnu l'immense avantage, et qui malheureusement est presque tombé en désuétude. Nos corps se soumettraient sans doute avec peine à l'action du strigile en usage parmi eux[1]; mais l'on y suppléera en se servant d'abord d'un linge doux, puis d'un morceau de flanelle, et enfin d'une

[1] Le strigile antique n'était autre chose qu'une lame de métal, ordinairement de bronze et quelquefois de fer, ainsi que le prouvent les fragments trouvés dans les bains de Caracalla à Rome, et dans les ruines de Pompéi (*Library of entertaining Knowledge*, vol. I, p. 181).

brosse dont le poil ne soit ni trop court, ni trop raide. Il convient de commencer par frictionner les extrémités supérieures, de passer successivement au cou, aux épaules, au reste du tronc et aux membres inférieurs, et de continuer jusqu'à ce que l'on ait produit sur tout le corps, la tête exceptée, une légère rubéfaction.

Repos. — L'âge, le sexe et la constitution doivent servir à régler la durée du sommeil. Les personnes faibles, les femmes, les vieillards et les enfants dormiront plus longtemps que les adultes ; mais en général le temps consacré au sommeil ne dépassera pas huit à neuf heures. Cependant ceux qui ne font usage des eaux qu'en bain et en boisson, et ceux qui sont disposés à la paralysie, aux affections spasmodiques, aux congestions sanguines de la tête, se contenteront d'un sommeil beaucoup plus court.

Le repos est toujours avantageux lorsqu'on revient de la douche ; mais il ne faut pas le prolonger au delà de deux heures. Il est nuisible, en général, après dîner, à moins qu'on n'en ait contracté une longue habitude, comme cela arrive souvent à l'habitant des climats chauds. Enfin, quelle que soit la manière dont on prenne les eaux, il convient de peu manger le soir et de mettre un intervalle d'une heure au moins entre le repas et l'instant du coucher.

On évitera soigneusement les veilles prolongées : elles causent de l'agitation, ébranlent souvent tout l'organisme, et tendent constamment à aggraver les maladies; car, ainsi que l'a dit un poëte observateur :

> C'est du sein des tranquilles nuits
> Que naissent les jours sans nuages.

PRÉCEPTES THÉRAPEUTIQUES.

I.

Plus un remède est énergique et variable dans son application, plus il est nécessaire de l'employer avec discernement : on observe en effet que du choix et de la graduation des bains dépend, en grande partie, le succès de la cure. Les moyens que conseille la prudence sont donc d'étudier la sensibilité individuelle, de préparer graduellement la peau à une plus vive stimulation, de se garder de la soumettre brusquement à une excitation violente, de consulter les sympathies, en combinant avec art les diverses espèces de bains, de douches et d'étuves : moyens qu'on ne saurait employer convenablement que lorsqu'on a acquis une connaissance profonde de la constitution des malades. Dans ce but, ceux qui se rendent à Aix ne sauraient trop mettre d'attention à se munir de notes historiques bien détaillées sur leur situation passée; car rien n'est plus propre à éclairer le médecin sur la méthode de traitement qu'il doit suivre. Avant de commencer les bains, il est prudent de se reposer deux ou trois jours, surtout si pour arriver on a fait un long voyage. Il faut adopter de suite un régime convenable; se défier du trop grand appétit que donne un air nouveau, et adopter des vêtements chauds et légers.

II.

Pour bien comprendre l'effet des bains sur l'économie vivante, il est nécessaire de tenir compte d'une infinité de circonstances, et d'abord, de la pression qu'exerce l'eau sur celui qui s'y soumet. L'eau augmente en effet, par sa pesanteur spécifique, le poids que l'atmosphère exerce sur le corps; et cette pesanteur devient encore plus considérable, à proportion des sels et des autres substances qui s'y trouvent suspendus ou dissous.

Ces considérations doivent tenir en garde contre les dangers qui peuvent résulter de la pression aqueuse, surtout pour les personnes dont la taille est ramassée, la tête volumineuse, le cou très-court, et qui sont par cela même prédisposées à l'apoplexie et aux congestions cérébrales. Tous les viscères étant susceptibles d'éprouver un refoulement des humeurs, et par suite des transports dangereux sur les parties où cette pression s'exerce avec moins d'énergie, on conçoit qu'il doit exister une foule de cas où il serait avantageux de n'entrer dans le bain que graduellement, ou bien de n'élever que peu à peu l'eau de la baignoire[1]. Les personnes robustes peuvent prendre le bain le matin à jeun, mais celles qui sont faibles et délicates doivent déjeuner après avoir fait une petite promenade, et ne se rendre au bain que vers midi. Elles doivent toujours se lever de bonne heure, parce que rien ne débilite plus que le lit, après le sommeil naturel (qui doit être environ de 7 heures pour les hommes et de 8 pour les femmes et les enfants). Tous ceux qui auraient commis une intempérance la veille doivent retarder leur bain jusque vers le milieu du jour. Ceux qui mangent tard et beaucoup, ou qui ont été très-fatigués dans le jour, doivent s'abstenir de prendre le bain le soir. En général, il ne faut jamais attendre dans le bain le deuxième frisson.

III.

L'effet de la température de l'eau, relativement à l'immersion du corps, est aussi bien différent de celui qu'exercerait sur lui l'air ambiant, au même degré. L'action du calorique sur le corps vivant paraît être subordonnée, ainsi qu'on l'a dit en parlant des bains

[1] En Angleterre on obvie aux accidents qui peuvent résulter de la pression de l'eau dans le bassin, à l'aide d'une sorte de dossier ou plan incliné mobile, sur lequel on s'appuie, et dont l'élévation ou l'abaissement règlent ceux du tronc et des extrémités du malade dans la baignoire.

de vapeur, à la densité du fluide qui en est le véhicule. C'est pour cette raison que l'huile bouillante produit une escarre plus profonde que l'eau chauffée à la même température, et que tel supportera aisément la chaleur de l'air à une température donnée, qui aura peine à soutenir celle de l'eau commune dans des circonstances égales.

IV.

La douche, comme tous les autres remèdes, doit être en rapport avec les affections pour lesquelles on la prescrit ; sa qualité, sa force et sa durée doivent être réglées sur la nature et l'intensité du mal ; aussi serait-ce une erreur de penser, avec quelques personnes peu expérimentées, que ses effets sont d'autant plus énergiques qu'on la reçoit plus longtemps.

La seule impulsion de l'eau, suivant la hauteur de sa colonne, ainsi que le diamètre de l'ajutage, change déjà complétement sa manière d'agir ; et la direction imprimée au jet, de même que la position du malade qui le reçoit, influent considérablement sur les résultats qu'on doit en attendre. La pression exercée par l'eau et le choc produit sur la partie souffrante sont d'autant plus vifs que la colonne de liquide tombe plus perpendiculairement à la surface qu'elle frappe. Les malades négligent généralement ce principe, et, flattés par la sensation plus douce qu'ils éprouvent, ils disposent leurs membres d'une manière oblique à sa direction. La douche ne fait alors qu'effleurer la partie sur laquelle on voulait concentrer toute sa force, ses effets deviennent presque illusoires, et elle ne remplit qu'imparfaitement l'indication que l'on s'était proposée.

V.

Il est cependant des circonstances où, en administrant les eaux d'une manière douce et suivant une direction oblique, on obtient des effets avantageux. La douche qu'on prend dans ce cas, par *irrigation*, rentre dans le domaine des douches à faible courant ou *mitigées*, ce qui lui donne une façon d'agir et des propriétés spéciales. Comme le remède opère alors lentement, sans porter dans l'exercice des organes le trouble et le mouvement qui sont inséparables des douches à forte percussion, on peut en prolonger plus longtemps l'usage; on les emploie ainsi de préférence dans les engorgements articulaires bornés à une petite étendue, dans les obstructions viscérales superficielles, dans les catarrhes chroniques accompagnés de spasmes, et dans les écoulements muqueux très-légers.

VI.

La prédilection ou la crainte du malade pour telle espèce de douche, de bain ou d'étuve, doivent en modifier l'emploi. Sans ajouter cependant trop d'importance aux effets que la frayeur produit chez des personnes jeunes et timides, à la vue de nos appareils de bains et des tourbillons de vapeurs qui les accompagnent, il est souvent nécessaire de temporiser et de ne les y amener que peu à peu. S'obstiner à leur faire surmonter les effets de cette terreur panique serait quelquefois très-dangereux; car on a vu des femmes chez lesquelles ce sentiment était tellement fort, qu'elles suffoquaient en entrant dans la douche, sans qu'il fût possible d'attribuer ces accidents à d'autres causes qu'à l'extrême sensibilité ou à la répugnance.

VII.

Le climat et l'habitude exercent une influence particulière sur les bains. Les fastes de la médecine nous apprennent que plusieurs voyageurs qui supportaient très-bien le bain froid dans leur pays natal, ont succombé, à la suite de ces bains, dans des pays éloignés. Des Russes et des Finlandais auraient peine à supporter, dans nos climats, la chaleur de leurs étuves à 60° R., et le bain de glace, à 10° au-dessous de zéro. Souvent on a vu des personnes en santé prendre chez elles un bain d'eau naturelle, à 27, 28 et même 30 degrés R., qui ont peine à supporter les bains d'Aix, à des degrés de température bien inférieurs.

Réciproquement, l'habitude que l'on contracte à Aix, de se baigner quelquefois dans l'eau très-chaude, comparativement à celle à laquelle on était accoutumé, fait que plusieurs malades, de retour chez eux, doivent élever de beaucoup le degré de chaleur qu'ils donnaient auparavant à leurs bains.

Ces causes locales, ces différences plus ou moins saillantes, ces circonstances en apparence secondaires, n'échappent point à l'œil exercé du médecin; et, bien qu'elles soient souvent inaperçues du public, elles n'en influent pas moins d'une manière positive sur la marche à suivre dans la cure d'eau thermale.

VIII.

Le bain tiède pouvant se composer à Aix de l'eau de plusieurs sources, chargées inégalement de principes médicamenteux, il serait facile de changer son action, ordinairement calmante et sédative, en une action irritante, dont l'influence deviendrait pernicieuse, si les organes du malade se trouvaient déjà dans un état de surexcitation. D'autre part, l'extrême sensibilité des femmes, la mollesse de leurs tissus, doivent faire pressentir que les bains très-chauds, tels que ceux qu'on prend à l'Etablissement, dans les pièces appelées *Bouillons*, ou les bains très-froids, tels qu'on les administre quelquefois dans la Douche Écossaise, doivent leur être prescrits avec une extrême réserve.

IX.

En général, il n'est pas prudent de manger au bain: en effet, l'énergie vitale se portant au dehors par le mouvement qui s'établit du centre à la circonférence, le travail de la digestion pourrait troubler cet effort salutaire, en agissant en sens inverse de l'effet qu'on veut produire. Par une raison analogue, on voit qu'il serait très-dangereux d'entrer dans l'eau lorsqu'on sort du repas; car l'estomac devient alors un centre de fluxion, où les forces de la vie se concentrent et où les liquides affluent de toutes parts; ce ne serait donc pas impunément qu'on intervertirait l'ordre de la nature. La boisson du lait, du bouillon, du café dans la douche ou l'étuve, n'a rien qui soit blâmable; elle favorise au contraire la sueur. Le même précepte s'applique au déjeuner que nous permettons aux enfants, quand ils passent plusieurs heures dans la piscine à natation; cependant, comme il est des cas où la nourriture prise dans le bain serait nuisible, c'est au médecin judicieux à décider quand il convient de s'en abstenir.

X.

Les personnes nerveuses et celles qui sont d'un tempérament sanguin tombent quelquefois en syncope pendant qu'elles prennent la douche. Cet accident ne doit point alarmer, pourvu qu'il ne soit pas trop souvent répété. La cause de ce phénomène existe dans l'impression que produit sur les poumons, et par sympathie sur les nerfs du cœur et du cerveau, un air chargé de vapeurs fétides et moins oxygéné que celui qu'on a coutume de respirer. Quelquefois il est dû à l'état saburral des premières voies, et exige, pour disparaître, l'emploi des laxatifs ; d'autres fois il est l'effet d'une colonne d'eau thermale trop chaude, imprudemment dirigée sur la région de l'estomac, ou au milieu de l'épine dorsale ; enfin, il peut être aussi le résultat d'affections organiques. Dans ce dernier cas, on doit discontinuer la douche. Il est généralement bon d'ailleurs d'en suspendre l'usage pour quelques jours, ou d'alterner avec les bains, les étuves, les douches locales, d'après les observations du médecin sur l'étiologie ou les causes cachées qui pourraient rendre l'effet des eaux dangereux.

XI.

Lorsqu'une affection morbide est ancienne, et qu'elle a jeté de profondes racines, elle exige plus de docilité de la part du malade, plus de constance dans le traitement; la cure sera plus longue ; et c'est dans ce cas surtout que le remède, ainsi que l'a dit un auteur, doit *être chronique comme le mal.* On ne gagne rien alors à précipiter; souvent, au contraire, on aggrave la maladie.

Si le retour vers la santé se fait longtemps attendre, si même il ne se montre point pendant l'usage des eaux, c'est que la fièvre thermale et l'agitation qu'elle produit dans l'organisme empêchent le malade d'en saisir les effets; mais à peine ce tumulte s'est-il apaisé, à peine le calme a-t-il succédé aux réactions vitales, que les signes de la santé reparaissent.

La règle générale à suivre dans ce cas, est de continuer l'usage des eaux, tandis qu'elles ne fatiguent pas, et aussi longtemps qu'elles produisent de l'amélioration. Malheureusement on ne suit pas toujours les conseils dictés par l'expérience. Un grand nombre de malades, émerveillés d'un succès souvent inespéré, et voyant marcher rapidement la guérison, discontinuent trop vite l'emploi des eaux; d'autres, peu confiants dans les lumières de leur médecin, se laissent aller au découragement, parce que les eaux n'opèrent pas au gré de leurs vœux ; d'autres enfin, poussés par le désir d'obtenir une guérison qui se fait trop attendre, dépassent, dans leur usage, les limites convenables, et commettent une foule d'excès, en prolongeant l'emploi des bains, des douches et des boissons minérales.

XII.

Un autre écueil dans lequel tombent facilement les étrangers qui viennent aux Eaux, c'est l'abandon facile et irréfléchi avec lequel ils se livrent aux conseils des donneurs d'avis qui, saus aucune connaissance en médecine, et sans avoir égard à l'âge, au sexe, au tempérament, prolongent souvent, par leurs prescriptions intempestives, des maux qui eussent cédé à un traitement rationnel, méthodique et éclairé.

XIII.

Souvent il arrive, par l'usage immodéré des eaux prises en boisson, que les évacuations alvines, au lieu d'être naturelles, prennent tous les caractères de la dyssenterie accompagnée de tiraillements d'entrailles, de nausées et de rapports fétides : il est prudent dès lors d'en suspendre l'emploi, et il convient de prendre des lavements d'amidon laudanisés, des infusions mucilagineuses, amylacées, etc. Si l'irritation du tube digestif se propage, par sympathie, au larynx, aux bronches, et, plus tard, au parenchyme des poumons, on a recours aux saignées, aux applications calmantes, aux vapeurs émollientes et aux autres moyens antiphlogistiques.

XIV.

Il survient quelquefois, par l'effet des eaux, de petits boutons (*herpes plyctenodes*) ou de simples rougeurs (*erythema vulgaris*) sur diverses parties de la peau. Ce symptôme est un effort de la nature qu'il faudrait bien se garder de réprimer. L'irritation révulsive qui en est la suite ne peut manquer de produire d'heureux résultats, lorsqu'elle est maintenue en de justes bornes. Connue sous le nom de *poussée des eaux*, elle constitue même une sorte de crise artificielle qu'on regarde comme un objet important de la cure, dans certaines eaux minérales, comme à Louëch; et c'est pour éviter toute répercussion qu'il est alors convenable de se tenir plus chaudement, d'éviter la fraîcheur du soir et tout ce qui serait de nature à supprimer cette éruption.

XV.

Un préjugé assez généralement répandu est celui-ci : *qu'on ne doit associer à l'usage des eaux aucun autre moyen thérapeutique intérieur ou extérieur* : cette opinion est loin d'être confirmée par l'expérience qui prouve, au contraire, qu'un certain nombre de cures exigent, outre l'emploi des eaux, celui de moyens auxiliaires : tels sont de légers purgatifs, quand il y a saburre ; des saignées, quand il y a pléthore ; des préparations narcotiques et antispasmodiques, dans les névroses ; l'iode, dans les scrofules et les engorgements atoniques des glandes. Enfin, des faits qui datent depuis longues années, dans la brillante pratique de mon père, lui ont prouvé de quel avantage était encore souvent l'électricité, associée aux secours que la médecine tire des eaux thermales, dans les dartres rebelles, l'épilepsie, les névralgies faciales ou tic douloureux ; et l'emploi du mercure dans les maladies vénériennes compliquées de scrofules, de goutte ou de rhumatisme.

Ces faits sont nouveaux pour la science, et c'est sous ce rapport que j'ai cru devoir les signaler à l'attention des gens de l'art, en entrant dans quelques détails propres à expliquer ce qu'ils paraissent avoir de paradoxal ou de contraire aux opinions reçues.

Il est vrai que la syphilis, les névroses et les affections scrofuleuses articulaires, avec engorgement ou dépôt sans issue, lorsqu'elles sont traitées uniquement par les eaux, à la manière des rhumatismes, des paralysies, des dermatoses, etc., sont toujours exaspérées au plus haut point ; mais ce sont ces faits mêmes qui ont porté les médecins à chercher des secours dans un autre ordre de remèdes.

Mon père est le premier qui ait associé, à Aix, l'usage du mercure à celui des eaux, pour la guérison des affections vénériennes, et l'on peut dire que ses succès ont dépassé ses espérances. Les bains, la boisson des eaux, la douche et l'étuve ; des préparations mercurielles, variées suivant l'âge, les goûts, les habitudes du malade ; quelques pilules altérantes et diaphorétiques, des boissons lénitives, de légers laxatifs..., constituent toute sa méthode. C'est par ces moyens simples, et modifiés d'après les circonstances, qu'il est parvenu, après un traitement de cinq à six semaines, à faire disparaître les symptômes de la syphilis devenue constitutionnelle, et caractérisée par des ulcères rongeants et serpigineux, des exostoses, des douleurs nocturnes ostéocopes, des bubons, des végétations verrugueuses et autres ; la blennorrhagie syphilitique, la carie, l'iritis, etc., symptômes qui avaient résisté jusque-là à tous les remèdes auxquels on avait eu recours.

Un fait très-remarquable dans cette médication par les eaux et le mercure, c'est l'absence presque constante de la salivation, malgré les doses souvent énormes de ce métal introduites dans le corps. Il ne peut s'expliquer que par l'abondance des sueurs qui, ne permettant pas au mercure de séjourner longtemps dans l'économie, l'empêche d'y exercer une action délétère ; ou aussi, peut-être, par une combinaison chimique qui transformerait en sulfure le mercure et le soufre absorbés. On sait en effet que l'action du cinabre sur le corps humain diffère essentiellement de celle du mercure à l'état d'oxyde ou à l'état de sel. Ce fait, qui est parfaitement d'accord avec l'observation des célèbres professeurs Cullerier, Chrétien, Earle et Lawrence, prouve que la salivation, qu'on croyait jadis si nécessaire au traitement de la syphilis, ne doit plus être regardée que comme un résultat secondaire, qu'il est bon de faire cesser dans la plupart des cas, ne fût-ce que pour épargner aux malades les effets pernicieux que cette sécrétion morbide exerce spécialement sur la membrane alvéolaire.

Un autre genre d'affection, traité avec beaucoup de succès à Aix, est celui des maladies nerveuses caractérisées par des rétractions spasmodiques des membres, suite de l'exaltation de la sensibilité générale, et procurées par des frayeurs ou autres causes subites agissant sur le système cérébral. La méthode de mon père, pour traiter ces sortes de maladies, consiste dans une sage combinaison de l'emploi des eaux thermales, sous différentes formes, avec la douche écossaise, le galvanisme et l'électricité. J'ai vu moi-même assez de cas frappants d'hémicrânies, de tics douloureux et d'affections erratiques nerveuses, guéris par ces moyens, pour penser que, s'il existe un spécifique pour les maux de ce genre, c'est dans l'électro-galvanisme, joint à l'action des eaux, qu'il convient de le chercher.

On ne saurait donc trop appeler l'attention des savants sur ce genre d'étude, qui semble promettre, à la génération qui commence, de si beaux résultats pour la guérison des maladies dont on ne s'occupait presque autrefois que comme d'un point historique de l'art, et sur la nature desquelles les découvertes de Gall, Spurzeim, Magendie, Flourens, Rolando, Georget, Alexandre Bertrand, Desmoulins, ont déjà fourni des données si précieuses.

De la cure d'eau thermale.

Saison des eaux. — Rien ne règle mieux le temps où l'on doit venir aux Eaux d'Aix que la saison du printemps. On peut s'y rendre de bonne heure, toutes les fois qu'elle n'a pas été pluvieuse et que les neiges n'ont pas été fort abondantes. On y viendra un peu plus tard lorsque le printemps aura été froid et humide. Les mois d'avril et de mai sont souvent bien assez chauds et devraient être préférés par ceux qui redoutent la foule et l'encombrement. Cependant on peut faire usage des eaux dans toutes les saisons, pourvu qu'on prenne les précautions nécessaires pour se garantir du froid et des variations atmosphériques. Il n'y a pas d'année que plusieurs malades n'y passent tout l'hiver, comme cela se pratique à Bath, bien que la chaleur des eaux ne soit pas aussi forte qu'à Aix, et jamais ils n'ont eu lieu de s'en repentir, lorsqu'ils l'ont fait d'après l'avis d'un médecin éclairé. Il est des cas impérieux où il serait même imprudent d'attendre une époque plus éloignée ; tels sont les cas de paralysie récente, sans turgescence à la tête, et d'affections nerveuses anomales. Les rhumatisants surtout doivent préférer, pour se rendre aux Eaux, la saison printanière ; tandis que les personnes qui ont à redouter les congestions sanguines au cerveau font mieux d'y venir en automne, plutôt qu'au milieu de l'été. Le printemps n'est pas non plus favorable pour elles, à cause du mouvement vital qui s'opère dans le corps à cette époque de l'année.

Précautions à prendre avant l'usage des eaux.

Bien qu'il soit bon de se préparer au traitement thermal par des remèdes généraux, surtout si la maladie est de nature grave, il est plus essentiel encore, peut-être, de se tenir en garde contre l'ignorance et la routine, qui prescrivent généralement l'emploi des purgatifs ou de la saignée. L'expérience confirme chaque jour que les purgatifs sont nuisibles lorsque les fonctions digestives se font selon l'ordre de la nature. Seulement, toutes les fois qu'un malade n'est pas d'une constitution très-irritable et qu'il existe chez lui des symptômes d'embarras gastrique ou intestinal, il faut, avant de prendre les eaux, faire disparaître ces accidents par quelques évacuations alvines. On emploie dans ce but les sels neutres, tels que les sulfates de magnésie, de potasse, de soude, à la dose d'une demi-once à une once, dissous dans du bouillon aux herbes.

L'ouverture de la veine, dont on fait un si fréquent usage dans certaines contrées, est ici le plus souvent inutile. C'est seulement dans le cas d'une constitution pléthorique, d'une disposition à l'apoplexie, d'une évacuation sanguine supprimée, d'une habitude dès longtemps contractée de ce moyen, qne l'on doit se permettre de pratiquer la saignée.

Les personnes nerveuses et toutes celles qui ont une tendance à l'irritation feront bien de se préparer à l'usage des eaux d'Aix, en prenant, avant d'y venir, plusieurs bains tièdes d'eau commune. Il serait même bien, pour celles qui ont le système sensitif extrêmement développé, qu'elles fissent préalablement une cure de petit-lait.

Enfin, dans le but de calmer l'excitation produite par le voyage, avant de commencer le traitement on devrait se reposer deux ou trois jours, pendant lesquels on prendrait quelques boissons rafraîchissantes.

Durée du traitement. —La durée de chaque cure ne saurait être précisée, et dépend entièrement de l'état où se trouve le malade. En général, on peut dire qu'une cure de 20 à 30 jours est beaucoup trop courte pour des maux enracinés et opiniâtres. Il conviendrait souvent d'administrer les eaux à plus petite dose, d'une manière plus douce, et d'en prolonger l'usage, ainsi que le remarquent Bordeu, Monrò, Guersant, Saunders et Alibert.

Lorsque le mal a quelque intensité, il est rare qu'on ne soit pas obligé de revenir aux Eaux plusieurs fois dans la même année. C'est ce qu'on appelle faire une, deux ou trois *cures* ou *saisons*. Dans ce cas, si l'état des forces le permet, on a coutume de profiter de l'intervalle d'une cure à l'autre pour faire quelques voyages, que favorise singulièrement la situation d'Aix, à la portée des régions Alpines les plus fréquentées par les curieux. On pourra choisir parmi les excursions suivantes, qui ne prennent pas plus de deux ou trois jours :

1° *Chamouny*, par Annecy, Bonneville, Saint-Gervais, et retour par Martigny et le Chablais ; ou *vice versâ*.

2° *Genève*, par Annecy et le pont de la Caille ; le tour du lac Léman, le pays de Vaud ; retour par Rumilly.

3° *La grande Chartreuse*, par Chambéry, la Grotte, les Echelles ; retour par Grenoble, et la vallée de Graisivaudan.

4° *Belley*, par le Bourget, le Mont-du-Chat, Yenne, le Pont de la Balme ; retour par Seyssel et la Chautagne.

5° *Tarentaise*, par la vallée de Savoie, Albertville, Moûtiers, les Etablissements royaux des mines et salines, les bains de Brides ; et retour par Faverges et Annecy.

6° *La vallée des Bauges*, par Saint-Pierre, le Col du Frêne ; retour par le pont du Diable et la grotte de Bange.

7° *Lyon*, par le bateau à vapeur ; retour par Bourg, Nantua, la Perte du Rhône et Seyssel ; ou par le Pont-de-Beauvoisin et la grotte des Echelles.

8° *Turin*, par la Maurienne, le Mont-Cenis ; et retour par

la vallée d'Aoste et le petit ou le grand Saint-Bernard.

Comme les bains commencent à être assez fréquentés dès le mois de mai, et ne cessent de l'être qu'en novembre, plusieurs étrangers poussent leurs excursions beaucoup plus loin. Il n'est pas rare d'en voir partir d'Aix, au mois de juin, pour aller parcourir la Suisse, passer le Simplon, visiter les îles Borromées, Milan, Gênes, une grande partie de la Lombardie et du Piémont, et revenir encore prendre les eaux au mois d'août ou de septembre, en regagnant la Savoie, par Turin, Suze et le Mont-Cenis.

Convalescence des eaux et précautions à prendre après le traitement.— Le malade serait dans l'erreur si, après avoir achevé son traitement à Aix, il croyait n'avoir plus rien à faire pour en conserver les fruits.

On peut comparer le temps de la cure à une longue maladie, composée d'autant d'accès de fièvre que le malade a pris de douches, et le temps qui la suit à une convalescence; mais, comme dans toute affection morbide la convalescence est proportionnée à la durée de cette affection, de même aussi la fièvre artificielle que procurent les bains est-elle suivie d'un état intermédiaire qui n'est ni celui de santé, ni celui de maladie, que nous nommons *convalescence des eaux*, et dont la durée est proportionnée à la longueur de la cure elle-même.

En général, le malade doit observer, pendant la convalescence, les mêmes précautions et le même régime qui lui ont été prescrits durant le traitement. Il faut donc qu'il suive les principes hygiéniques développés au commencement de ce chapitre, sur lesquels je ne reviendrai pas; mais surtout qu'il évite les causes de refroidissement et les excès en tout genre, afin de ne pas s'opposer au travail insensible qui s'opère dans l'organisme, par suite de l'administration des eaux. Il n'est pas rare que pendant cet intervalle il se manifeste des symptômes de saburre gastrique, tels que la perte de l'appétit, des nausées et l'enduit blanchâtre de la langue; l'on fait aisément disparaître ces malaises par un ou deux légers purgatifs, au nombre desquels sont : la crème de tartre, l'huile de ricin, les sulfates de soude, de potasse et de magnésie.

La répétition journalière des douches, des bains ou des étuves, détermine chez le malade des mouvements que j'appellerai volontiers *fébriles thermaux*, dont l'effet se continue longtemps : aussi, de retour chez lui, éprouve-t-il une disposition à suer, aux époques de la journée où il suait à Aix, particulièrement s'il a soin de rester au lit, et s'il use de boissons légèrement diaphorétiques.

C'est à ce phénomène, qui se vérifie constamment,

du plus au moins, après une cure méthodique et régulière, qu'on doit, en partie, attribuer ces guérisons qui surprennent, arrivées quelques semaines après l'usage des eaux, dans les cas de sciatiques fort anciennes, d'engorgements articulaires, de rhumatismes erratiques et autres affections, que le traitement thermal semblait avoir exaspérés.

Une chose sur laquelle j'insisterai beaucoup, lorsque le malade est de retour chez lui, c'est la nécessité d'un repos de plusieurs jours avant de reprendre le courant des affaires ; surtout lorsque ses occupations sont de nature fatigante : l'énervation, quoique faible, mais journalière qui en résulte, avant que l'effet des eaux soit entièrement produit, est de nature à retarder singulièrement la guérison.

Quant aux soins diététiques, il convient d'y apporter une attention spéciale, lorsque la *poussée des eaux* s'est effectuée d'une manière tardive ; car alors le travail de dépuration n'étant pas complet, si la répercussion de l'exanthème a lieu, elle est presque toujours suivie d'accidents funestes. Enfin, on ne doit discontinuer ce régime et ces soins qu'après un certain laps de temps, et lorsque la disposition aux sueurs spontanées a complétement disparu. On évitera, par ce moyen, des rechutes d'autant plus faciles et dangereuses, pendant la convalescence, que le mal reparaissant avec une violence nouvelle, trouve des organes plus affaiblis et moins disposés aux réactions vitales.

Je terminerai en engageant les personnes qui ont fait usage des eaux, surtout dans l'arrière-saison, à passer l'hiver suivant dans un climat chaud. D'après *Guersant* et *Alibert*, rien n'est plus propre à assurer les résultats heureux d'une cure faite aux eaux thermales. Sous ce rapport, je recommanderai particulièrement celui de Nice, dont j'ai fait une étude spéciale. Le principal caractère de ce climat, qui est d'être sec et chaud, fait qu'il convient surtout aux personnes convalescentes, à celles d'un tempérament lymphatique, ou qui sont atteintes de rhumatisme, goutte chronique, catarrhe invétéré, rachitisme, scrofules, affections œdémateuses, en un mot, dans toutes les maladies qui s'aggravent par un temps humide et froid. C'est, en effet, dans les affections provenant d'une atonie générale, bien plus encore que dans la phthisie pulmonaire, qu'on doit préférer Nice, Hyères et Naples à Pise, à Rome et à Pau.

Parmi les malades que j'ai vus à Nice, j'en ai rencontré plusieurs qui y avaient été envoyés par leur médecin, après avoir pris les eaux sulfureuses d'Allemagne, des Pyrénées ou d'Aix en Savoie. Tous ont eu lieu de se louer de son délicieux climat. L'exercice à pied et en plein air que permet le séjour de Nice, dans une saison où ailleurs il serait dangereux, doit en grande partie contribuer aux bons effets qu'on en retire. Sauf quelques jours de pluie en novembre, et quelques coups de vent en mars, on y est frappé de l'inaltérable beauté du ciel.

Cette contrée représente par sa forme une ellipse. Elle est ouverte et baignée au midi par la Méditerranée, et circonscrite, dans le reste de son étendue, par un triple amphithéâtre de montagnes. Les Alpes et les Apennins concourent à l'entourer de ce réseau qui la protége au nord, à l'est et à l'ouest.

C'est à cette circonstance qu'elle doit la richesse de sa végétation. C'est avec raison qu'on l'a surnommée la serre chaude de l'Europe. Le cactus, l'oranger, l'arbousier, la canne à sucre, le palmier y prospèrent en pleine terre, et donnent à ce pays si intéressant une physionomie presque orientale.

Ce travail serait incomplet si je ne donnais pas ici les indications nécessaires pour guider le géologue et l'antiquaire dans la recherche des richesses qui les intéressent et qu'on trouve à Aix et dans ses environs.

APERÇU GEOLOGIQUE.

Les montagnes et les vallées voisines offrent le champ le plus vaste aux recherches et aux méditations du géologue.

Toutes les montagnes environnantes sont de calcaire compacte. D'après les géologues modernes, ce calcaire appartient à la formation des terrains crétacés, laquelle constitue la majeure partie des chaînes des contre-forts des Alpes, sur la rive gauche du Rhône, et recouvre les couches les plus récentes du système jurassique. Elles ont leurs couches de stratification inclinées vers l'est, sous un angle qui varie de deux à quarante-cinq degrés ; leur direction paraît se rapporter du nord-nord-est au sud-sud-ouest.

Les coquilles qu'on y rencontre le plus communément sont : des *ammonites*, des *belemnites*, des *échinites*, des *térébratules*, des *baculites*, des *gryphites*, etc. Sur la montagne de Beauregard, ces débris fossiles sont siliceux, à cassure conchoïde, et se trouvent enveloppés d'une gangue calcaire. Ils m'ont offert beaucoup d'analogie avec ceux que j'ai rencontrés dans les plaines de Salisbury, près du monument druidique appelé *Stone-Hange*.

Voici, d'après M. Mayor, de Genève, les variétés d'ammonites qu'il a trouvées au Mont-du-Chat :

Ammonites discoidius, communis, planulatus, vulgaris, crassus, molabilis, Gervillii, tumidus, Vidalii, macrocephalus, Herveyi, lenticularis, armatus.

Le coteau de Tresserve, qui s'élève au centre de la vallée, appartient aux étages supérieurs de la formation tertiaire; il se compose de grès tendre ou *mollasse*, qu'on utilise pour des âtres de cheminées : ses grains examinés à la loupe semblent être de quartz hyalin, de granit, de mica, de diabase et d'amphibole.

La plupart des cailloux qu'on rencontre dans la plaine sont granitiques; les autres sont formés de quartz, gneiss, siénite, diabase, amphibole, feldspath, alumine et mica. Ils sont tous arrondis, et leur grosseur variable dépasse rarement deux décimètres cubes. C'est dans ces cailloux, entassés sur une épaisseur considérable, à l'extrémité méridionale du bassin d'Aix, territoire de Sonnaz, que se trouve un banc de lignite, de deux mètres d'épaisseur, formé de deux couches séparées par une assise argileuse, reposant sur une marne coquillière, et présentant lui-même de nombreux débris de troncs d'arbres aplatis et de végétaux herbacés. Ce combustible, qui se retrouve à la Mothe-Servolex, etc., est parfaitement analogue aux lignites de la Tour-du-Pin en Dauphiné, et devient, depuis quelques années, pour la consommation de Chambéry, l'objet d'une exploitation importante.

La formation et la descente de ces cailloux roulés remontent sans doute à la dernière époque des soulèvements auxquels les Alpes occidentales doivent leur configuration actuelle, et que M. Elie de Beaumont a si bien établie dans son Mémoire sur les révolutions de la surface du globe.

La nature, toujours admirable dans ses œuvres, a su tirer parti de ses convulsions souterraines, de la dislocation des rochers et du croisement des montagnes, pour varier à l'infini les sites, et pour embellir ses paysages.

DESCRIPTION DES ANTIQUITÉS ROMAINES.

Je crois être agréable à l'antiquaire, en lui donnant la description suivante.

Les eaux d'Aix ont été appelées successivement *Aquæ Allobrogum*, *Aquæ Domitiæ*, *Aquæ Gratianæ*. Leurs qualités précieuses et leur situation dans une vallée riante et fertile, entre Chambéry (*Lemnicum*) et Genève, sur un embranchement de grandes voies romaines qui traversaient les Alpes, furent sans doute des motifs qui engagèrent les anciens à y ériger les monuments dont nous admirons les vestiges.

Au rapport de Cabias, ce fut un des proconsuls de Jules-César, nommé Domitius, qui y fit construire les premiers bains, après la victoire qu'il remporta sur les Allobroges, l'an 628 de Rome. Ces bains furent successivement embellis et restaurés par les préfets de la province romaine, et l'importance en fut telle qu'ils conservent, jusque dans leurs ruines, des traces de grandeur et de magnificence.

Bains romains. — Ceux que l'on a découverts sous la maison Perrier-Chabert, et qu'on désigne sous le nom de *Vaporarium romain*, sont sans contredit les plus remarquables.

Pour se faire une idée exacte de ces constructions souterraines, qu'on se représente d'abord une vaste étendue de sol affermi par plusieurs couches de ciment. Sur ce sol sont rangés parallèlement un grand nombre de piliers en briques tantôt ronds, tantôt carrés et tantôt demi-circulaires, qui supportent une série de bains.

Le mieux conservé de tous est celui qu'on nomme vulgairement *Bain de César*. Il paraît avoir servi principalement de piscine, et offre environ 15 mètres carrés de surface. Sa forme est celle d'un octogone irrégulier. Tout autour sont des *scallaria* ou gradins, revêtus de marbre blanc. A l'Est se trouve un bloc de ciment, aussi revêtu de marbre, et imitant un tronçon de colonne, vraisemblablement destiné à supporter quelque statue. Un trou existe au bas de ce piédestal, et l'inclinaison du sol du bain indique évidemment que par cet endroit avait lieu l'écoulement des eaux.

Le bain tout entier est supporté par une centaine de piliers quadrangulaires, autour desquels règne un corridor, où circulaient les eaux, ainsi que dans l'espace compris entre les piliers. Sur les faces Est et Ouest de cette galerie, le mur décrit des segments de cercle qui servaient peut-être à exciter dans le liquide un tourbillonnement propre au dégagement des vapeurs. Le plafond du corridor est percé d'une multitude de petites cheminées rectangulaires, faites en terre cuite, communiquant entre elles et ayant 12 centim. sur 5 cent. d'ouverture, et 1 mèt. 14 cent. de hauteur. Un grand nombre de tuyaux de cette espèce introduisaient la vapeur dans la portion supérieure de la piscine, disposition qui pourrait faire supposer que cette pièce servait à la fois d'étuve et de bain d'immersion.

La plupart des larges briques dont se compose ce massif portent en relief l'inscription *Clarianus*, qui paraît être le nom du fabricant : on lit sur quelques-unes *Clarianus cisal*, ou *Cæsar censem*, et sur d'autres, *Claria numada*. L'élégante proportion des lettres indique une époque rapprochée du beau siècle d'Auguste.

Diverses remarques intéressantes, faites sur ce bain et ceux qui l'entourent, méritent d'être citées :

1° On observe dans la partie inférieure que les pieds des piliers qui plongeaient dans l'eau sont demeurés presque intacts, tandis que la portion la plus élevée, mouillée seulement par la vapeur, a été fortement corrodée.

2° Tant que ces diverses constructions se sont trouvées à l'abri de l'air extérieur, rien n'a pu altérer leur solidité ; mais dès qu'un libre accès lui a été ouvert par les excavations qu'on y a faites, un grand nombre de briques ont commencé à se détériorer.

3° Lors des premières fouilles qui eurent lieu en 1779, on découvrit un espace de huit mètres carrés, entièrement dépourvu de piliers. Le plafond, comme suspendu en l'air, résistait au poids énorme du bain supérieur et de la maison qui avait été bâtie au-dessus. On a même reconnu depuis lors qu'une portion des murs de la ville portait sur le pavé d'un autre bain, dépourvu d'appui comme le précédent.

4° Quelques bains particuliers, existant aux environs du vaporarium, ont fait découvrir une couche de charbon pilé, placée entre le sol et la maçonnerie, ce qui prouve que les anciens n'étaient pas étrangers à ce moyen de conserver la chaleur des eaux.

5° Les plaques de marbre qui formaient les revêtements intérieurs, sont recouvertes en plusieurs endroits d'une espèce de mastic, mélangé de fragments de briques. Un fait analogue a été observé aux anciens bains de Néris, par le docteur Boirot-Desserviers, et il paraît assez probable que ce stuc fut placé après coup par les Romains, et lorsque le besoin d'empêcher la filtration des eaux ou la détérioration des marbres en eut fait concevoir la nécessité.

6° Les recherches faites, en l'an IX, par M. ALBANIS BEAUMONT, ont démontré que ces constructions n'étaient qu'une faible partie d'un édifice extrêmement vaste, qui embrassait, dans son ensemble, la plus grande partie de l'emplacement occupé aujourd'hui par la ville. D'après cet archéologue, les Thermes d'Aix, de même que ceux de Titus, de Domitien, de Caracalla et autres bains célèbres de l'antiquité, avaient leur entrée principale, leur enceinte, leur piscine, leur *Apoditerium, Tepidarium,* leur *Eleotherium,* etc.

Le *Vaporarium* et plusieurs autres bains trouvés sous les maisons voisines étaient alimentés par la source dite d'*Alun*. L'eau, après avoir parcouru les galeries dont les restes sont au-dessous de la maison Perrier, tombait dans l'emplacement qu'occupe aujourd'hui le grand bassin, nommé *Bain Royal*[1]. On

[1] Cabias dit que ce bain a pris le nom de Bain-Royal, de-

voyait, il y a peu d'années, au milieu de ce bassin, un reste de piédestal ou socle, qui portait sans doute la statue de quelque divinité ; de là l'eau passait par des conduits souterrains, hors de la ville, où elle servait, dit Cabias, à baigner les chevaux et autres animaux domestiques.

Non loin de ces bains, et à égale distance des deux sources, s'élève l'*Arc de Campanus*. Ce monument, qui fait encore, par sa belle conservation, un des embellissements actuels de la ville d'Aix, était placé sur la voie des Thermes. Sa structure, où l'artiste a su allier la simplicité et l'élégance des ordres dorique et ionique, présente déjà quelques traces de la décadence des arts.

Sa longueur, prise en dehors, est de 6 mèt. 71 ; sa plus grande élévation, non compris la portion maintenant cachée dans la terre, de 9 mèt. 16 ; le diamètre de l'ouverture de l'arc, de 3 mèt. 23 ; et l'attique, y comprise la plinthe, est aussi haut que tout l'entablement.

La corniche n'a ni l'épaisseur, ni la saillie prescrites par les règles d'architecture, ce qui fait penser qu'elle a subi diverses mutilations : suivant M. Deloche,

puis que Henri IV s'y est baigné, en 1600, avec les seigneurs de sa suite, lors de son séjour en Savoie, par suite de ses différends avec les cours d'Espagne et de Turin.

l'architrave aurait disparu sous le marteau, pour faire place aux *plates-bandes*, où sont inscrits les noms des personnes auxquelles cet arc fut consacré.

La frise présente sur sa face Ouest huit niches (*Columbaria*) qui, selon quelques antiquaires, devaient renfermer des moulures en bronze ou des métopes; et, selon d'autres, les urnes cinéraires ou les effigies des personnages dont les noms sont sculptés au-dessus.

Les inscriptions gravées sur l'attique et sur l'architrave forment autant de dédicaces, en l'honneur des membres de la famille Pompéia. Les voici avec leur traduction.

Sur l'attique :

POMPEIO CAMPANO AVO A PATRE.

A Pompéius Campanus, grand-père du côté paternel.

CAIAE SECVNDIN. AVIAE A PATRE.

A Caïa Secundina, grand'mère du côté paternel.

POMPEIAE MAXIMAE SORORI.

A Pompéia Maxima, sa sœur.

POMPEIO CAMPANO FRATRI.

A Pompéius Campanus, son frère [1].

Sur l'architrave :

D. VALERIO GRATO.

A Décius Valérius Gratus.

[1] Deux inscriptions, placées sur le monument à la droite de celles-ci, sont illisibles.

CAIO AGRICOLAE.

A Caïus Agricola.

POMPEIAE L. SECVNDIN. AMITAE.

A Pompéia Lucia Secundina, la tante.

C. POMPEIO JVSTO PATRI ET PARENTIBVS.

A Caïus Pompéius Justus, le père, et à ses parents.

VOLVNTILIAE C. SENTIAE AVAE AMATAE.

A Voluntilia Caïa Sentia, aïeule chérie.

C. SENTIO IVSTO AVO AMATO.

A Caïus Sentius Justus, aïeul chéri.

T. CANNVTIO ATTICO PERPESSO.

A Titius Cannutius Atticus Perpessus.

L. POMPEIO CAMPANO CAMPANI ET SENTIAE FIL.

A Lucius Pompéius Campanus, fils de Campanus et de Sentia.

Sous l'architrave :

L. POMPEIVS CAMPANVS VIVVS FECIT.

Lucius Pompéius Campanus, de son vivant, fit ériger ce monument.

Selon la coutume des Romains, tout près des thermes se trouve un temple. C'est cet édifice que l'on nomme aujourd'hui le *Temple de Diane*, et que l'on voit à quelques pas de l'Arc de Campanus, dans l'enceinte du château du marquis d'Aix. Quoique enfoui dans la terre, jusqu'au tiers de sa hauteur, il est accessible en dehors, par le presbytère, et en dedans, par l'entrée du théâtre.

Sa structure est à la fois solide et élégante ; elle est composée de gros quartiers de pierre, régulièrement superposés les uns sur les autres, sans ciment. Ce genre de construction, connu sous le nom d'*isodomum*, pour le distinguer de l'architecture *pélasgique*, ou des constructions *cyclopéennes*, qui sont formées de polygones irréguliers, se rencontre dans presque tous les monuments publics qui nous sont restés des beaux siècles de l'empire romain. Tels sont la Maison-Carrée, les Arènes et le Temple de Nîmes, les amphithéâtres de Vérone, d'Autun et d'Arles, l'Arc de Suze, celui d'Aoste, etc. Il n'existe de ce temple que la face postérieure et la majeure partie des deux faces latérales. Il se composait d'un *pronaos* ou vestibule et d'un sanctuaire ou *cella*. Le mur qui séparait le vestibule du sanctuaire est visible dans ses deux arrachements attenant aux murs latéraux. Quant à la façade antérieure, il n'en existe aucune partie ; il est difficile de déterminer si elle était formée, suivant l'usage, d'un porche à colonnes ou d'un mur seulement percé d'une porte, comme au temple de Diane à Nîmes. La grande épaisseur des murs du vestibule ne permet pas de supposer l'emploi de pilastres en tête des murs ; d'ailleurs, il n'en existe pas aux angles de la façade postérieure, particularité que M. Chenavard, architecte distingué de

Lyon, m'a signalée comme un fait très-remarquable.

La largeur extérieure du temple est de 13 mèt. 40 c., la largeur intérieure, mesurée entre les deux architraves visibles des murs du *pronaos*, est de 10 mèt. 70 c. La longueur intérieure de la *cella* est de 10 mèt. 70 c. La longueur de la partie restante des murs du vestibule est de 3 mèt. 24 c. L'épaisseur du mur de séparation, entre les deux parties du temple, est de 75 centimètres.

L'entablement est composé d'une architrave de 60 c. de hauteur, d'une frise de 63 c. de hauteur, et d'une corniche de 60 c. de hauteur. La corniche est composée de deux grandes doucines; on n'y remarque pas de larmier, et sa hauteur, au mur postérieur sur lequel s'élevait le fronton dont on voit les pierres, est la même que sur les faces latérales, contrairement aux dispositions habituelles, ce qui rend problématique la manière dont la corniche rampante aboutit sur la corniche horizontale, à moins qu'on ne suppose que ce raccordement se fasse de la même manière qu'au grand temple de Pestum et à celui de la Concorde à Agrigente.

Sur les trois filets de l'architrave on remarque une saillie angulaire, semblable à celle que présente le théâtre de Marcellus à Rome. Cette précaution de l'architecte, comme le remarque Vitruve, a pour effet de remédier à une illusion d'optique qui tend à faire paraître inclinées en avant les surfaces verticales, et à faire détacher l'avant-corps du reste de l'édifice.

Vestiges d'autres monuments. — Outre les restes des monuments que nous venons d'indiquer, on en a découvert beaucoup d'autres, tels que mosaïques, amphores, marbres divers, serpentine antique, porphyre d'Egypte; des fragments de bas-reliefs, de statues et de colonnes; des médailles, dont la plupart sont des deux premiers siècles de l'ère chrétienne; enfin un cadran antique ou *gnomon*, creusé en cône, dans un bloc de travertin, dont voici les proportions :

Largeur de la face, 54 centimètres.

Hauteur totale, 52 cent.

Saillie de derrière à l'avant, prise à la base, 44 c.

La saillie à la partie supérieure ne peut être précisée, les deux cornes du demi-cercle étant frustes.

Ce cadran, d'après l'usage des Romains, se trouve divisé en douze parties égales par les lignes horaires. Ces lignes servaient pour toutes les saisons, de manière cependant que l'intervalle qui marquait les heures en hiver, était plus court que celui qui correspondait à celles de l'été. L'ombre du style traçait cette différence par le plus ou le moins de longueur de sa projection. Aux extrémités supérieure et inférieure de la coquille formée par la surface concave du gnomon, se trouvent deux segments de cercle qui indiquent les deux termes annuels de la route du soleil ; un troisième, placé au centre, marque la ligne de l'équateur ou de l'équinoxe.

On voit encore aujourd'hui ce reste précieux, ainsi que plusieurs autres antiquités, dans les jardins de M. Chabert, qui se fait un plaisir de les montrer à l'étranger.

Ce n'est pas seulement à Aix, mais encore à Saint-Innocent, au Vivur, à Albens, à Chambéry, à Conflans et autres lieux environnants, qu'on a trouvé de nombreuses places d'antiquités romaines.

Je ne pense pas pouvoir mieux terminer qu'en montrant ici combien la Savoie est riche en sources d'eaux minérales.

EAUX MINERALES.

On compte en Savoie près de quarante sources d'eaux minérales, dont neuf seulement sont thermales.

Sources minérales chaudes.

Aix-les-Bains (température de 40 à 45 degrés cent., 5 à 6 mille étrangers par an). — *Saint-Gervais*, en Faucigny, source saline gazeuse (chaleur, 27 degrés cent., 400 baigneurs). — *La-Perrière* ou *Brides*, eau saline magnésienne (chaleur, 28 à 30 degrés cent., 300 baigneurs). — *Salins*, près Moûtiers, contenant de l'iode, du brôme et beaucoup de muriate de soude (chaleur de 30 à 38 degrés cent., 400 baigneurs annuellement). — *Echaillon* en Maurienne, eau sulfureuse saline (chaleur, 40 degrés cent., 100 baigneurs). *Bonneval* en Tarentaise, eau acidule thermale, peu fréquentée (chaleur, 45 degrés cent.) — *Petit-Bornand*, dans la province du Genevois, eau sulfureuse peu utilisée (chaleur, 24 degrés cent.). — *La Caille*, près Cruseilles, eau sulfureuse, fréquentée par les gens du pays (chaleur, 30 degrés cent.). *Menthon*, eau sulfureuse, de nos jours presque tombée dans l'oubli, mais fréquentée au temps des Romains, ainsi que le prouvent les restes d'anciens thermes (chaleur, 16 degrés cent.).

Sources minérales froides.

Aix, eau sulfureuse alcaline, iodurée et bromurée, dite de *Marlioz*. — Source ferrugineuse crénatée gazeuse de *Saint-Simon*. — *La Boisse*, près de Chambéry, source martiale. — *Amphion*, eau ferrugineuse, qui doit en grande partie sa réputation à l'ancienne prédilection des princes de Savoie. — Eau de *Futeney*, légèrement ferrugineuse; — de *Féterne*, acidule froide. — Eau de *Bromine* (commune de Silingi), sulfureuse tiède; — de *Bois-Plan*, près Chambéry, acidule martiale; — de *Plan-Champ* (commune de Thusy), *id.*; — d'*Etrambières*, sulfureuse froide. — A *Marclaz*, à *Arache*, à *Mathoney*, au *Mont-Cenis*, à la *Ferranche*, près Château-Neuf, sources ferrugineuses; à *Challes*, eau sulfureuse purgative.

INDICATEUR GÉNÉRAL

ET

RENSEIGNEMENTS DIVERS.

INDICATEUR GÉNÉRAL.

—

NOURRITURE ET LOGEMENT.

L'étranger trouve à Aix toutes les facilités qu'on peut désirer; plus de quarante maisons garnies, des tables d'hôte et des pensions à tout prix. — La nourriture et le logement coûtent, prix moyen, 6 à 7 francs par jour; on en trouve aussi à 4 ou 5 francs, et même au-dessous. Les chambres garnies sont de 2 ou 3 francs dans les hôtels et maisons bourgeoises tenant pension. Un appartement de cinq à six pièces, avec salon, cuisine, écurie, remise, coûte de 15 à 30 francs par jour. On nourrit également à domicile. L'on peut encore tenir son ménage, en amenant ses domestiques, ou en se procurant une cuisinière du pays.

DU PRIX DES EAUX.

Les bains de piscine et autres coûtent 1 franc sans linge. — Les étuves et la douche avec doucheurs et porteurs varient de 1 fr. 50 à 2 francs. — Les étrangers ne payent que la moitié de ce prix, s'ils ont un certificat d'indigence visé par le maire et le préfet, et qu'ils consignent 30 francs chez le caissier des bains. (La mendicité étant interdite à Aix, ces 30 francs sont pour acquitter les frais de séjour.)

PHARMACIES.

Pichon, rue des Bains.
Bocquin, sur la Place.
Les sœurs de St.-Joseph, à l'Hospice.

CABINET DE LECTURE, LIBRAIRIE ET PAPETERIE.

M. Henri Bolliet, sur la Place, près du café Jacotot.

M... N...

BANQUE D'ESCOMPTE ET RECOUVREMENT.

Comptoirs d'escompte établis à Aix.

M. Domenget, sur la Place.

MM. Antonioz et Gillet, rue des Bains.

MOYENS DE TRANSPORT.

Bureau des Messageries nationales.

Voitures de Paris à Aix en 28 heures.
» de Lyon à Aix en 12 »
» de Grenoble à Aix en 8 »
» de Genève à Aix en 8 »

Bateaux à vapeur.

Les Hirondelles, de Lyon à Aix en un seul jour, et retour e six heures. Départ de Lyon tous les mardis, jeudis, samedis; départ d'Aix les lundis, mercredis, samedis.

Ces bateaux font le tour du lac (relâchant à Hautecombe) chaque dimanche.

Omnibus pour Chambéry.

Trois départs par jour d'Aix, le matin à 6 heures et à 11 heures; le soir, à 8 heures.

De Chambéry à 9 heures du matin, et à 3 et 4 heures de l'après-midi.

Omnibus pour la source de Marlioz.

Six départs par jour.

Voiture pour Genève passant par Rumilly, en 8 heures de marche ; un départ par jour.

Voiture pour Genève, passant par Annecy et le pont de Lacaille ; deux départs par jour.

Voiture d'Aix à Lyon (entreprise des maîtres de poste), trajet en 12 heures; deux départs par jour.

Voiture d'Aix à Grenoble, par la Chartreuse, en 8 heures de marche.

Poste aux chevaux,

Abondamment fournie, chez MM. Guilland frères.

Chevaux, voitures et chars de voyage et de promenade.

Aux hôtels Guilland et Venat, et chez un grand nombre de voituriers.

PRIX DE L'ABONNEMENT AU CASINO.

Un homme.................................... 20 fr.

Une dame.................................... 10

Une mère et sa fille non mariée.................... 15

Une deuxième demoiselle et un plus grand nombre, pour chacune.................................... 4

Un père et son fils.................................... 30

Un deuxième fils, et un plus grand nombre, pour chacun.................................... 5

Les enfants au-dessous de dix ans, présentés par leurs parents, ne payent point.

Moyennant 3 francs, les personnes non abonnées sont admises au bal du dimanche.

BUREAU DES PASSE-PORTS.

Sur la Grande-Place.

TIR AU PISTOLET.

Près la promenade du Gigot.

TABLE DES MATIÈRES

—

PARTIE PITTORESQUE.

PARTIE MÉDICALE.

FIN.

Typ. HENNUYER Batignolles.

www.ingramcontent.com/pod-product-compliance
Ingram Content Group UK Ltd.
Pitfield, Milton Keynes, MK11 3LW, UK
UKHW020159250726
13967UKWH00003B/1156

9 782012 992610